PRÉFIGURATION ET STRUCTURE ROMANESQUE DANS *A LA RECHERCHE DU TEMPS PERDU*

FRENCH FORUM MONOGRAPHS

14

Editors R.C. LA CHARITÉ AND V.A. LA CHARITE

PRÉFIGURATION ET STRUCTURE ROMANESQUE DANS *A LA RECHERCHE DU TEMPS PERDU*

AVEC UN INÉDIT DE MARCEL PROUST

by

MARCEL MULLER

FRENCH FORUM, PUBLISHERS
LEXINGTON, KENTUCKY

Library of Congress Catalog Card Number 78-73096

ISBN 0-917058-13-5

Printed in the United States of America

Nous sommes vivement reconnaissant à Madame Mante-Proust d'avoir bien voulu autoriser la publication de l'inédit qui accompagne cette étude, ainsi qu'aux héritiers d'Emile Mâle et aux Editions Armand Colin pour la permission de reproduire un extrait de *L'Art religieux du XIIIème siècle en France*. Nous remercions aussi la Rackham School of Graduate Studies de l'Université de Michigan pour la bourse de recherches grâce a laquelle il nous a été possible de terminer notre travail, ainsi que pour la généreuse subvention qui en a rendu possible la publication.

TABLE DES MATIERES

PRÉFIGURATION ET STRUCTURE ROMANESQUE DANS *A LA RECHERCHE DU TEMPS PERDU*

L'attention portée par la critique aux problèmes de structure que suscite une masse romanesque aussi volumineuse et aussi touffue que *A la recherche du temps perdu* ne date pas d'hier, et il serait injuste de prétendre que ce chapitre des études proustiennes ait été particulièrement négligé. Face aux lecteurs trop pressés, ou prisonniers des formules traditionnelles, tel le directeur d'Ollendorff se déclarant incapable "de comprendre qu'un monsieur puisse employer trente pages à décrire comment il se tourne et se retourne dans son lit avant de trouver le sommeil" (1), nombreux ont été les interprètes soucieux de reconnaître avec l'auteur le caractère de "composition rigoureuse bien que voilée" du *Temps perdu* (2), et l'on a bientôt parlé de structure architectonique, musicale, mallarméenne, onirique, préformiste, arborescente, dialectique, voire ondulatoire et granulaire (donc einsteinienne) (et nous en oublions certainement . . .), le plus souvent avec au moins un commencement de justification (3).

Pour discutable qu'elle soit, la volonté de ramener à un seul les principes autour desquels s'ordonnent les mille et un personnages, épisodes et notations du roman n'a pas été sans profit. L'idée fixe d'un chacun a fait apparaître un aspect ignoré de la texture narrative et, une lecture venant s'ajouter aux autres, une image a fini par se dessiner et s'imposer: au chaos qu'aurait été "une sorte de recueil de souvenirs, s'enchaînant selon les lois fortuites de l'association des idées" (4), se substituait *un monde* travaillé par d'innombrables lignes de force.

Tant de recherches n'ont pourtant pas épuisé le sujet. Il est en particulier un procédé sur lequel toute la lumière ne semble pas avoir été faite: c'est celui en vertu duquel le personnage de Charles Swann annonce par son caractère, ses intérêts et ses velléités de réalisation le Héros-Narrateur. Non que cette relation entre les deux personnages soit passée inaperçue des lecteurs; elle est trop explicitement notée pour n'avoir pas été remarquée. Claude-Edmonde Magny, par exemple, avait résumé avec bonheur le principe quand elle avait écrit:

> Le récit comporte, outre "Marcel" le narrateur, un autre protagoniste qui le préfigure et l'annonce comme Jean-Baptiste "prophétise" Jésus: c'est Swann, l'initié imparfait, celui que la paresse, la vie mondaine, le snobisme, la lassitude aussi, ont empêché d'aller jusqu'au bout de la recherche de la vérité . . . Swann est la doublure et la contre-épreuve de Marcel, celui qui manque le salut (5).

Mais avec de telles remarques, nous ne dépassons guère la comparaison, et comparaison n'est pas raison. Le mode de présentation qui consiste à faire précéder le personnage central d'un roman par un personnage plus âgé, doté des mêmes aspirations que lui, mais moins persévérant ou moins heureux dans sa quête de la vérité, mérite un examen plus attentif que la critique ne lui a consacré. Il faudrait tenter de définir le procédé dans ce qu'il a de spécifique et, dans cette intention, s'interroger sur les circonstances qui ont présidé à sa mise en œuvre.

Nous prendrons comme point de départ un fait d'ordre chronologique, à savoir que le jeu du double personnage principal est inconnu de Marcel Proust avant *A la recherche du temps perdu*, le premier grand essai romanesque de l'écrivain ayant, comme on sait, pour seul protagoniste le personnage de Jean Santeuil. La clé du problème qui nous occupe va peut-être nous être fournie par un examen des préoccupations esthétiques et intellectuelles de l'auteur au cours de l'interlude qui sépare la composition de *Jean Santeuil* et celle de *A la recherche du temps perdu*.

Que s'est-il passé au cours de cet interlude? Sans doute subsiste-t-il bien des points obscurs que viendront peut-être dissiper les recherches sur les manuscrits déposés à la Bibliothèque Nationale. Néanmoins les équipes de fouilles proustiennes, et en particulier leur chef Philip Kolb, nous ont suffisamment renseigné pour que nous puissions nous avancer sans trop d'hésitation sur ce terrain difficile. Nous savons en particulier que Marcel Proust abandonne—ou, dans son esprit, laisse provisoirement de côté—son premier roman en octobre ou novembre 1899 pour se tourner vers l'étude, la traduction et le commentaire de Ruskin (6). Le 5 décembre 1899, il écrit à Marie Nordlinger: "Depuis une quinzaine de jours, je m'occupe à un petit travail absolument différent de ce que je fais généralement, à propos de Ruskin et de certaines cathédrales" (7). Il s'agit sans doute des "Journées de pélerinage" qui paraîtront dans le *Mercure de France* en avril 1900. Cette étude sera accompagnée et suivie d'un certain nombre d'articles et de comptes rendus ayant Ruskin pour objet ou comme point de départ, et dont le dernier paraîtra en novembre 1907. A ce moment, depuis un certain temps déjà, Marcel Proust est requis par des projets divers et d'un tout autre genre: les pastiches, l'étude sur (ou contre) Sainte-Beuve, les écrits sur l'homosexualité, qui tous, d'une façon ou d'une autre, l'orientent occultement vers un roman, ou plutôt un livre qui ressemble à un roman, auquel il va se vouer de façon exclusive à partir de 1909.

L'importance extrême d'un élément au moins au cours des années qui séparent *Jean Santeuil* de *Swann* a été mise en relief par Philip Kolb: il s'agit de l'intérêt pour les habitudes d'écrivain de Ruskin dont témoigne la longue note (datant apparemment de l'été 1905) que le traducteur de *Sésame* donne en guise de commentaire à l'épigraphe du premier chapitre. "Proust avait remarqué . . . que Ruskin commence par énoncer une épigraphe dont le sens ne se révèlera que plus tard. Tout au long de sa conférence, il présente ses idées sans ordre apparent, mais à la fin il les rappelle, les résume et les explique de façon qu'il semble avoir eu un plan et un dessein cachés" (8). Mais, à lire ce que nous appellerons les écrits ruskiniens de Marcel Proust, on est frappé aussi par autre chose. Il ne s'agit pas, comme dans le cas de la note commentée par Kolb, d'une *pratique* littéraire dont l'écrivain prend acte avec une sorte d'émotion, mais d'un fait d'*érudition* et de la fréquence avec laquelle il en est fait état, à savoir de cette idée que l'Ancien Testament annonce le Nouveau non seulement par les paroles prononcées par les prophètes, mais aussi, et peut-être surtout, par ce qu'on appelle les prophéties phénoménales, c'est-à-dire les événements. Cette croyance, Ruskin lui-même y fait allusion dans ses commentaires, mais moins souvent que son traducteur, dont les notes renvoient notamment à un savant ouvrage qui est *L'Art religieux du XIIIème siècle en France* d'Emile Mâle. C'est grâce à Robert de Billy et, semble-t-il, l'année même où le livre avait paru (c'est-à-dire en 1898) que Proust avait découvert l'œuvre de l'historien. "Je ne me souviens plus," écrit Robert de Billy, "si Marcel, après notre rencontre à Kreuznach, était venu à Mayence avec nous et avait visité la cathédrale. Il me semble que c'est de là que datent nos premiers entretiens sur l'art gothique. . . . Mon admiration était peu éclairée et ce fut une grande joie quand parut le premier des livres de M. Mâle. Je le lus comme un roman et, tout de suite, je le prêtai à Marcel. Il resta chez lui quatre ans environ et, quand il me le rendit, il n'avait ni couverture ni page de garde et portait les marques de toutes les disgrâces qui peuvent assaillir un livre, lu au lit, dans le voisinage des remèdes . . ." (9).

A la suite de Marcel Proust, nous aurons la curiosité de parcourir cette étude, dont la matière est partagée en quatre livres intitulés "le miroir de la nature," "le miroir de la science," "le miroir moral" et "le miroir historique." C'est à cette quatrième partie que Proust a emprunté des passages destinés à éclaircir le texte de Ruskin par la notion de prophétie phénoménale (10).

La définition que l'auteur propose de cette notion comporte trois éléments: *a*) la ressemblance, portant sur un personnage, un événement, ou une situation, entre l'Ancien et le Nouveau Testament: saint Paul et, à sa suite, les Pères de l'Eglise (saint Clément d'Alexandrie, Origène, saint Hilaire, saint Ambroise et son disciple saint Augustin) et de nombreux commentateurs du moyen âge se sont ingéniés à faire ressortir ce qu'il y avait de commun entre un épisode de l'Ancienne Loi et un récit de l'Evangile. Jésus-Christ lui-même avait donné l'exemple, rappelé par Emile Mâle, quand il avait prophétisé en ces termes son passage aux Enfers: "De même que Jonas fut trois jours et trois nuits dans le sein de la baleine, de même le Fils de l'homme sera trois jours et trois nuits dans le sein de la terre." Les exemples abondent de ces rapprochements qui, chez saint Augustin, sont "ingénieux et surprenants" (11) et font parfois honneur à l'imagination des théologiens. *b*) Le caractère significatif de ces ressemblances. Voulues par Dieu qui voit tout sous l'aspect de l'éternité, elles manifestent une harmonie profonde en vertu de laquelle l'histoire possède une fonction prophétique. L'événement essentiel—l'Incarnation et tous les faits qui s'y rapportent —est prophétisé par un événement antérieur qui en est comme une première ébauche. *c*) Le caractère prophétique de l'événement annonciateur, il importe de le souligner, ne retire rien à son authenticité existentielle, du moins chez les gardiens de l'orthodoxie, dont le plus illustre sera saint Augustin, qui écrira:

Frères, avant toutes choses, je vous avertis, au nom de Dieu, de croire, quand vous entendez lire l'Ecriture, que les choses ont eu lieu réellement comme il est dit dans le livre. N'allez pas enlever à l'Ecriture son fondement historique, sans quoi vous bâtiriez en l'air. Abraham a réellement existé, et il a eu vraiment un fils de sa femme Sara . . . Mais Dieu a fait de ces hommes comme les hérauts de son Fils qui allait venir. C'est pourquoi, dans tout ce qu'ils ont dit, dans tout ce qu'ils ont fait, on peut chercher le Christ . . . Tout ce que l'Ecriture dit d'Abraham est réellement arrivé, mais c'est en même temps une figure prophétique (12).

D'où vient l'intérêt d'Emile Mâle pour ces concordances? Du fait que, guidés par les docteurs de l'Eglise, les artistes du XIIIème siècle "font choix d'un certain nombre de scènes de l'Ancien Testament et les mettent en rapport avec des scènes de l'Evangile pour en faire sentir la profonde concordance" (13). Le mérite d'Emile Mâle est précisément d'avoir montré le rôle joué dans l'art gothique par l'intention symbolique ainsi définie.

Que Marcel Proust ait pris connaissance de cette notion de figure, c'est ce dont témoignent trois notes de *La Bible d'Amiens*,

qui nous fourniront par la même occasion des exemples con-
crets.

Le texte de la première note est emprunté directement à
Emile Mâle:

On a rapproché non sans raison à Chartres et à Amiens la statue de Salomon de celle de la reine de Saba. On voulait signifier par là que, conformément à la doctrine ecclésiastique, Salomon figurait Jésus-Christ et la reine
de Saba l'Eglise qui accourt des extrémités du monde pour entendre la
parole de Dieu. La visite de la reine de Saba fut aussi considérée au moyen
âge comme une figure de l'adoration des mages. La reine de Saba qui vient
de l'Orient symbolise les Mages, le roi Salomon sur son trône symbolise la
Sagesse éternelle assise sur les genoux de Marie (Ludolphe le Chartreux,
Vita Christi, XI). C'est pourquoi à la façade de Strasbourg, on voit Salomon sur son trône gardé par douze lions et au-dessus la Vierge portant
l'enfant sur ses genoux (14).

Dans le texte suivant, Marcel Proust s'inspire d'Emile Mâle
pour commenter le porche de Laon:

Voir dans Mâle (p. 198 et ss.) l'interprétation des sculptures du porche de
Laon, représentant Daniel recevant dans la fosse aux lions le panier que lui
apporte Habakuk. Ce porche est consacré à la glorification de la Sainte
Vierge. Mais, d'après Honorius d'Autun, qu'a suivi le sculpteur de Laon,
Habakuk faisant passer la corbeille de nourriture à Daniel sans briser le
sceau que le roi y avait imprimé avec son anneau et, le septième jour, le
roi y trouvant le sceau intact et Daniel vivant, symbolisait, ou plutôt pro-
phétisait le Christ entrant dans le sein de sa mère sans briser sa virginité et
sortant sans toucher à ce sceau de la demeure virginale (15).

Enfin, c'est encore *L'Art religieux du XIIIème siècle* qui a
fourni à Proust les éléments de la note que voici. Il y est question des grandes statues autour du porche de l'église d'Amiens,
qui représentent l'Ange Gabriel et la Vierge Annonciade, et des
"quatre-feuilles" représentant des sujets de l'Ancien Testament
qui se trouvent sous ces personnages:

Le lien entre ces sujets et la vie de la Vierge se trouve, selon M. Mâle, dans
Honorius d'Autun (sermon pour le jour de l'Annonciation). Selon Honorius d'Autun, la Vierge a été prédite et sa vie symboliquement figurée dans
ces épisodes de l'Ancien Testament. Le buisson que la flamme ne peut con-
sumer, c'est la Vierge portant en elle le Saint-Esprit, sans brûler du feu de
la concupiscence. Le buisson où descend la rosée est la Vierge qui devient

féconde, et l'aire qui reste sèche autour est la virginité intacte. La pierre détachée de la montagne sans le secours d'un bras, c'est Jésus-Christ naissant d'une vierge qu'aucune main n'a touchée. Ainsi s'exprime Honorius d'Autun dans le *Speculum Ecclesiae* (16).

On devine vers quelles conclusions ces constatations nous orientent. Si l'on est fondé à prononcer le mot de "préfiguration" à propos du rapport qui unit Swann au *Je*, si d'autre part l'idée de préfiguration est à l'origine un concept élaboré par les commentateurs de l'Ecriture, ne pourrait-on parler avec vraisemblance de la structure "théologique" de *A la recherche du temps perdu*? Se pourrait-il que Marcel Proust, par le truchement de Ruskin, d'Emile Mâle, des artistes du moyen âge, ait emprunté à la pensée patristique un principe lui permettant d'introduire dans une matière romanesque trop peu cohérente des corrélations significatives?

Ce qui rend à première vue cette hypothèse concevable, c'est que non seulement Proust avait eu l'occasion de se rendre familière l'idée de préfiguration, mais qu'il se l'était même appropriée. Deux passages des écrits ruskiniens nous montrent en effet un Proust l'utilisant à des fins métaphoriques propres. Dans *La Bible d'Amiens*, ayant à faire l'éloge d'un auteur dont l'*Etude sur M. John Ruskin* avait devancé bien des travaux sur le critique anglais, Proust, emporté par l'enthousiasme, se laisse aller à écrire:

Entre les écrivains qui ont parlé de Ruskin, Milsand a été un des premiers, dans l'ordre du temps, et par la force de la pensée. Il a été une sorte de précurseur, de prophète inspiré et incomplet et n'a pas assez vécu pour voir se développer l'œuvre qu'il avait en somme annoncée. (*La Bible d'Amiens*, page 50, note 1) (17)

Voici donc, confondue avec l'idée de prophétie verbale, l'idée de prophétie phénoménale ou de figure, appliquée à un personnage contemporain n'ayant aucune qualité pour revêtir cette dignité théologique. Mais Joseph Milsand est du moins un érudit et, comme tel, il mérite sans doute la comparaison avec un prophète de l'Ancien Testament. Avec l'exemple suivant, nous descendons de quelques degrés sur l'échelle des êtres, nous nous rapprochons du quotidien, donc du roman. C'est d'Agostinelli qu'il s'agit dans ce passage d'un article où Proust rapporte les impressions d'une visite des cathédrales de la Normandie, faite en compagnie du jeune Monégasque:

De temps à autre—sainte Cécile improvisant sur un instrument plus imma-tériel encore—, il touchait le clavier et tirait un des jeux de ces orgues cachés dans l'automobile et dont nous ne remarquons guère la musique, pourtant continue, qu'à ces changements de registre que sont les change-ments de vitesse . . . Mais la plupart du temps, il tenait seulement dans sa main sa roue—sa roue de direction (qu'on appelle volant)—assez semblable aux croix de consécration que tiennent les apôtres adossés aux colonnes du chœur dans la Sainte-Chapelle de Paris, à la croix de Saint-Benoît, et en général à toute stylisation de la roue dans l'art du moyen âge. Il ne parais-sait pas s'en servir tant il restait immobile, mais la tenait comme il aurait fait d'un symbole dont il convenait qu'il fût accompagné; ainsi les saints, aux porches des cathédrales, tiennent l'un une ancre, un autre une roue, une harpe, une faux, un gril, un cor de chasse, des pinceaux. Mais si ces attributs étaient généralement destinés à rappeler l'art dans lequel ils ex-cellèrent de leur vivant, c'était aussi parfois l'image de l'instrument par quoi ils périrent; puisse le volant de direction du jeune mécanicien qui me conduit rester toujours le symbole de son talent plutôt que d'être la pré-figuration de son supplice! (18).

Il est donc avéré que Marcel Proust a fait sur la notion de figure des lectures sérieuses, qu'il a retenu cette notion, et même qu'il l'a mise en œuvre dans les écrits antérieurs à son grand roman. On est par conséquent fondé à s'interroger sur la survivance chez le romancier de la pensée typologique devant laquelle le commentateur de Ruskin et l'auteur des "Impres-sions de route" se montrent si à l'aise. Nous allons relire quel-ques pages du roman en nous demandant si l'application du schème figuratif ne permet pas de mettre en lumière telles rela-tions restées jusqu'ici inaperçues, de donner leur signification à certains détails imparfaitement compris et de conférer une force inattendue à certaines phrases.

C'est sur Swann évidemment qu'il conviendra de s'interroger d'abord, puisque aussi bien notre point de départ avait été les affirmations de certains critiques touchant l'incomplétude du personnage. Que sa vie soit caractérisée par l'inachèvement est imputable à deux causes: un accident: sa mort prématurée; un trait de caractère: son indifférence devant les questions à appro-fondir.

Une fatalité veut que Swann disparaisse avant que ne se réalise son rêve de voir Gilberte pénétrer dans le faubourg Saint-Germain et être présentée à Oriane. Il meurt trop tôt aussi pour faire au Héros les révélations qu'il lui a promises et répondre à de nombreuses questions du jeune homme. Enfin, et surtout, il ne lui est pas donné d'entendre le septuor de Vinteuil qui lui aurait peut-être permis de comprendre que le message de la musique est d'ordre transcendantal.

Or, quand le Narrateur voudra résumer ce trait de la destinée du personnage, il écrira que Swann était "mort, comme tant d'autres, avant que la vérité faite pour eux eût été révélée" (III, 878) (19). Marcel Proust n'a-t-il pas songé ici aux Patriarches de l'Ancien Testament, à Abraham, à Moïse, qui n'ont pu connaître le Messie qu'ils avaient pour mission d'annoncer?

Que Marcel Proust ait eu cette comparaison à l'esprit, c'est ce que semblent indiquer les allusions aux femmes de Botticelli dans *Un Amour de Swann*. Odette possède un type de beauté qui n'éveille pas les sens de Swann:

Pour lui plaire, elle avait un profil trop accusé, la peau trop fragile, les pommettes trop saillantes, les traits trop tirés. Ses yeux étaient beaux, mais si grands qu'ils fléchissaient sous leur propre masse, fatiguaient le reste de son visage et lui donnaient toujours l'air d'avoir mauvaise mine ou d'être de mauvaise humeur. (I, 196)

Ce type, Swann s'avisera un peu plus tard que c'est celui des modèles du maître florentin, auxquels sa culture esthétique fait une place particulière (I, 222-25 et I, 618). Les descriptions que le romancier donne de ce genre de femme mettent l'accent sur sa fragilité: "les joues qu'elle avait si souvent . . . languissantes"; "elle était un peu souffrante"; ". . . fléchissant une jambe . . . pour pouvoir se pencher sans fatigue vers la gravure qu'elle regardait en inclinant la tête, de ses grands yeux si fatigués et maussades" (I, 222); "Il admirait les grands yeux, le délicat visage qui laissait deviner la peau imparfaite, les boucles merveilleuses des cheveux le long des joues fatiguées . . ." (I, 225); ". . . sauf à ces moments d'involontaire fléchissement où Swann essayait de retrouver la mélancolique cadence botticellienne . . ." (I, 618). On aura noté les mots-clés de ces passages: *fléchir, se pencher, incliner*. Il est évident que cette insistance possède une signification. Si Legrandin, par la préciosité de ses propos et sa fascination pour le soleil couchant ("les bois sont déjà noirs, le ciel est encor bleu," I, 120), est l'homme d'une mode à laquelle sont restées attachées les étiquettes de "décadence" et de "fin-de-siècle," Swann témoigne de sa collusion avec les pré-Raphaélites par la préférence qu'il marque dans l'art pour un genre de femmes qui est l'exacte antithèse de "la petite ouvrière fraîche et bouffie comme une rose" dont il est épris dans la vie (I, 218). Et c'est ce que les commentateurs ont bien vu, évoquant même de façon précise le nom de Ruskin à propos du dilettantisme stérile et du culte égoïste de la Beauté que pratique le père spirituel du Narrateur (20).

Mais pour définir ce type de beauté, Marcel Proust avait à sa disposition des exemples autrement caractéristiques ou mieux connus du maître florentin: quel lecteur tant soit peu cultivé est incapable d'évoquer dans sa mémoire Vénus sortant de l'onde? Qui n'a vu au moins une reproduction des trois Grâces de *La Primavera*, ou, sur la toile de ce nom, la jeune femme qui représente le Printemps? Dans ces ouvrages, on voit nettement le modèle incliner la tête, ce qui, on le sait, est un des traits les plus typiques de l'idéal pré-raphaélite. Or la seule allusion précise dans le texte renvoie à Zéphora, fille de Jéthro, à laquelle Swann compare Odette le jour où il est venu lui montrer une gravure (I, 222). Il s'agit d'un des vingt-trois personnages d'une composition certes non pas inconnue, mais en quelque sorte éclipsée, pour les visiteurs de la Chapelle Sixtine, par le célèbre plafond et le "Jugement Dernier" de Michel-Ange. Zéphora est effectivement penchée en avant, comme Odette au moment où elle regarde la gravure, mais il est bien difficile de voir si le cou, dissimulé par les longues boucles de cheveux et la robe montante, est incliné comme celui d'Odette, ce qui serait évident, par exemple, de la Vénus et du Printemps.

Quel est le sens de cette observation? C'est que le romancier a identifié Zéphora à Vénus. Identification consciente d'ailleurs, puisqu'elle est expressément notée dans la scène du baiser: "Elle fléchissait le cou comme on leur voit faire à toutes, dans les scènes païennes comme dans les tableaux religieux" (I, 233).

Sans doute une ressemblance générale n'est-elle pas niable. Rus-kin lui-même avait noté—et Proust a certainement ce texte à la mémoire—la facilité avec laquelle l'artiste passe de la mère de Jésus-Christ à la déesse de l'amour charnel: "Botticelli was the only painter of Italy who understood the thoughts of Heathens and Christians equally and could in a measure paint both Aphrodite and the Madonna" (21) et, avant Ruskin, un critique de la *Gazette des Beaux-Arts* que Proust a pu lire, avait écrit, à l'époque même où se situent les débuts de la liaison de Swann: "On chercherait en vain à distinguer le type de Vénus de celui des Vierges de Botticelli. Le Printemps est l'ange de l'Annonciation et les génies sont comme les messagers ailés du ciel que l'on retrouve dans les tableaux sacrés" (22). Mais Proust s'écarte nettement de la vérité quand il fait porter sur la flexion du cou l'observation touchant la ressemblance.

Si le romancier a jeté son dévolu sur un personnage pour en donner ensuite une description qui correspondrait plutôt à une autre figure, c'est qu'il obéit à une double intention. Il faut qu'Odette soit Vénus au moment où, prêtresse de l'amour, elle va entrer dans la vie du décadent. Il n'est pas indifférent qu'elle soit Zéphora. Car si l'allusion à Vénus répond au souci de définir l'esthétique pré-raphaélite qui règne à l'époque où se passe l'action du roman, l'intervention de Zéphora permet de faire voir indirectement le rôle de Swann dans l'économie générale de la révélation. Car Marcel Proust l'a appris à l'école de Ruskin: c'est à un savant théologien doublé d'un prédicateur qu'est due la fresque de la Chapelle Sixtine:

Botticelli is in one the most learned theologian, the most perfect artist, and the most kind gentleman whom Florence produced. He knows all that Dante knew of theology, and much more, and he is the only unerring, unfearing, and to this day trustworthy and true preacher of the reformed doctrine of the Church of Christ (23).

Plus encore qu'à l'artiste, c'est au théologien que Sixte IV s'est adressé pour décorer la chapelle du Vatican: "Botticelli's mastership of the works evidently was given to him as a theologian even more than as a painter" (24). Ce Botticelli, en qui Ruskin n'hésite pas à voir un réformateur comparable à Luther et à

Savonarole, conçoit un ensemble destiné à contribuer à la res-
tauration de l'autorité papale:

> He came I said, not to attack, but to restore the papal authority. To show
> the power of inherited honour, and universal claim of divine law, in the
> Jewish and Christian Church,—the law delivered first by Moses; then in
> final grace and truth by Christ (25).

C'est dans cet esprit que l'artiste exécute et fait exécuter
douze fresques dont le thème central est le parallélisme entre
l'Ancien et le Nouveau Testament: d'une part, la dispensation
mosaïque, de l'autre la ratification et l'accomplissement de la
Loi par le Christ, chaque fresque d'une série trouvant son équi-
valent dans une fresque de l'autre série. Zéphora est représentée
une fois, dans l'épisode où elle est mise en présence de Moïse,
qu'elle épousera (*Exode*, 2:16 et ss.) (26). Cette scène se trouve
au centre et à l'avant-plan d'une fresque appelée par Ruskin
"Entrance on his Ministry by Moses" (connue en français
comme "Histoire de Moïse," "Moïse en Egypte" ou "Scènes de
la Vie de Moïse") à laquelle correspond "Entrance on His Ministry by Christ" ("La Tentation du Christ" ou "La Guérison du
Lépreux" ou "La Purification du Lépreux") (27). La correspondance typologique doit se prendre dans un sens global: il est
impossible d'établir une équivalence entre aucune des trois
tentations du Christ, ou l'épisode central, sur le sens duquel les
commentateurs sont d'ailleurs en désaccord, et l'un ou l'autre
des sept épisodes qui constituent "L'histoire de Moïse" (28).
Mais de part et d'autre, c'est d'une préparation qu'il s'agit:
Moïse est à la veille de devenir le chef de son peuple; Jésus va
commencer sa vie publique. Pour parler du rôle prophétique de
Moïse dans la fresque qui nous intéresse, Ruskin emprunte un
ton de sermonnaire inspiré dont le lecteur pourra juger si le
caractère lyrique a dû plaire au traducteur de *Sésame et les lys*
(29). Ce texte nous paraît d'une importance extrême, car il
présente un des rares traitements explicites de la pensée typologique dans l'œuvre de Ruskin, à en juger d'après l'index établi
par les éditeurs de la Library Edition, qui ne contient aucun
article susceptible d'être rattaché à ce thème.

Le lecteur a déjà compris le sens de l'allusion à Zéphora.

Outre qu'elle rappelle une vogue qui définit un moment de la sensibilité européenne et, de ce fait, aide le lecteur à situer dans le temps l'action de *Un Amour de Swann* en caractérisant le personnage du décadent, la référence à Botticelli a pour but d'attirer l'attention sur le caractère préfiguratif de Charles Swann. Car la ressemblance entre Odette et la fille de Jéthro implique l'identification de Swann avec Moïse (30) et un Moïse dont la fonction annonciatrice est signifiée par plus d'un détail : on se souviendra ici du "porte-manteaux à sept branches comme le Chandelier de l'Ecriture" (I, 504), dont la présence dans la maison de Swann n'est pas fortuite, comme de l'allusion au pain d'épices dont le père de Gilberte consomme une grande quantité, étant sujet à "un eczéma ethnique" et à "la constipation des Prophètes" (I, 402). Mais la mise en équivalence du personnage et de Moïse entraîne indirectement l'identification du Je avec le Messie : continuateur de Swann, le Héros joue en effet un rôle comparable, toutes proportions gardées, à celui du Christ dans la découverte de la vérité et le travail créateur (31).

Une forme particulière d'inachèvement de Swann est l'impossibilité où une mort prématurée le met de s'acquitter de l'importante communication qu'il voulait faire au *Je* (II, 705 et III, 201). Pour quels motifs le romancier a-t-il imaginé ce mystérieux message sur la nature duquel le lecteur ne sera jamais éclairé ? Une comparaison avec un article de Marcel Proust va nous permettre de suggérer une hypothèse. Lorsque Ruskin est mort en janvier 1900, Proust a rédigé pour *Le Figaro* une note nécrologique. L'extrait que voici jette un certain jour sur la question :

Si ces lignes tombaient sous les yeux de quelques-uns de ces amis et disciples chers de Ruskin, que j'ai si souvent enviés, en lisant qu'ils l'accompagnaient dans ses fréquentes visites à ses vieilles amies les cathédrales françaises, je ne puis leur dire combien je leur serais reconnaissant de me faire savoir quel eût été le contenu des *Sources de l'Eure* et de *Domrémy*, ces ouvrages sur la cathédrale de Rouen et sur la cathédrale de Chartres, que Ruskin n'a pas eu le temps d'écrire et qui devaient faire suite à *La Bible d'Amiens*. S'ils pouvaient du moins me dire quelques-unes des paroles de Ruskin durant ces voyages, ils mettraient un terme à des questions que je me pose sans cesse et que les pierres de Chartres et de Bourges ont laissées sans réponse (32).

A lire ce texte, on songe à Bergotte, qui va visiter les cathédrales avec Gilberte (I, 99) (et dans ce sens, Ruskin est probablement une des "clés" du personnage). Mais l'extrait rappelle aussi et surtout les passages auxquels nous renvoyons plus haut. Quand Proust imagine que Swann n'achèvera jamais son *Vermeer*, c'est à l'auteur de *Jean Santeuil* qu'il songe; mais l'incapacité de transmettre verbalement le message évoque invinciblement le cas de Ruskin. La disparition du critique, bien que survenue à un âge avancé de sa vie, avait quelque chose de vexant pour Marcel Proust, qui venait de prendre contact avec son œuvre au moment où lui parvenait la nouvelle de sa mort. Et c'est l'impossible conversation avec un homme dont les lèvres étaient scellées pour l'éternité que le romancier a transposée dans l'histoire des rapports entre Swann et le Héros, mettant le lecteur dans la situation où lui-même s'était trouvé par rapport à Ruskin. On peut même se demander si ce thème de l'œuvre interrompue n'a pas joué (de façon inconsciente peut-être) au moment où a été arrêtée la disposition générale des parties du roman. Le titre global de l'œuvre à laquelle Ruskin s'était attelé est en effet *Our Fathers Have Told Us*. A la condition d'insister sur le côté "recherche du temps perdu" impliqué dans pareil titre, on verrait assez facilement dans *Combray* l'homologue proustien de *La Bible d'Amiens* ruskinienne. Modeste sœur de la cathédrale picarde, Saint-Hilaire occupe pourtant dans l'univers mythique de Proust une place aussi importante que l'église d'Amiens dans la réalité. Mais là où l'œuvre du critique anglais reste inachevée, le roman se poursuit: non seulement Proust (et son Narrateur) reprennent et conduisent jusqu'au bout le travail abandonné par l'auteur de *Jean Santeuil*; ils sont aussi, dans un sens, les continuateurs de Ruskin; et il est à tout le moins possible que la décision prise d'ouvrir la somme romanesque par un récit centré sur l'église paroissiale soit un hommage au philosophe de Brantwood (33).

Si l'inachèvement de Swann est souvent présenté comme dû au moment où le personnage fait son apparition, il prend aussi, et c'est le cas le plus fréquent, des formes imputables à son caractère. Ainsi lorsque sont dénoncés la paresse, le dilettantisme et le refus de s'engager, si visibles chez le personnage, il ne s'agit plus de circonstances indépendantes de la volonté de Swann, propres à commander notre compréhension, mais d'un inachèvement coupable, lequel se manifeste sur deux plans: dans sa vie amoureuse et dans sa vie intellectuelle.

Ami, puis amant d'Odette, Swann n'acceptera qu'à son corps défendant de vivre une grande passion. Lorsqu'il sera en proie aux affres de la jalousie, le romancier résumera dans les termes que voici l'attitude de Swann: "A ce moment-là [c'est-à-dire au début de sa liaison], il satisfaisait une curiosité voluptueuse en connaissant les plaisirs des gens qui vivent par l'amour. Il avait cru qu'il pourrait s'en tenir là, qu'il ne serait pas obligé d'en apprendre les douleurs . . ." (I, 346). La même volonté de s'arrêter à mi-chemin caractérise le travailleur intellectuel. "Ayant toujours gardé un remords d'avoir borné sa vie aux relations mondaines, à la conversation," il croit trouver "une sorte d'indulgent pardon à lui accordé par les grands artistes, dans ce fait qu'ils avaient eux aussi considéré avec plaisir, fait entrer dans leur œuvre, de tels visages qui donnent à celle-ci un singulier certificat de réalité et de vie, une saveur moderne" (I, 223). C'est ce caractère exclusivement mondain de son existence qui explique pourquoi l'étude sur Vermeer restera inachevée. Même quand Swann s'occupe d'art et de littérature, il recule devant l'esprit de sérieux et il se verra accuser par le Narrateur de s'arrêter à "la beauté de la vie, mot en quelque sorte dépourvu de signification, stade situé en deçà de l'art . . ." (I, 852). Il professe de ne pas croire à ce qu'il appelle avec dérision la "*hiérarchie!*" des arts et le Narrateur note à ce propos que "quand il parlait de choses sérieuses, quand il employait une expression qui semblait impliquer une opinion sur un sujet important, il avait soin de l'isoler dans une intonation spéciale, machinale et ironique, comme s'il l'avait mise entre guillemets . . ." (I, 98). Que le nom de Pascal se présente dans sa conversation et le voilà saisi de scrupules à la pensée de faire étalage d'érudition:

". . . Du moment que nous déchirons fiévreusement chaque matin la bande du journal, alors on devrait changer les choses et mettre dans le journal, moi je ne sais pas, les . . . Pensées de Pascal! (il détacha ce mot d'un ton d'emphase ironique pour ne pas avoir l'air pédant). . . ." Mais regrettant de s'être laissé aller à parler même légèrement de choses sérieuses: "Nous

avons une bien belle conversation, dit-il ironiquement, je ne sais pas pourquoi nous abordons ces sommets." (I, 26)

C'est ainsi que s'exprime le visiteur du soir à Combray. Déjà le
familier des Verdurin s'entourait, quand il voulait user d'adjec-
tifs tels que "éminent" (I, 204), "élevé" (I, 254) et "profond"
(I, 260), de précautions oratoires destinées à montrer qu'il
entendait "laisser de côté le fond des choses" (I, 210). C'est le
même Swann qui refusera de donner sa définition de l'intelli-
gence (I, 260) et qui prétendra voir, dans la sonate de Vinteuil
non pas " 'la Volonté en soi' et la 'Synthèse de l'infini' mais, par
exemple, le père Verdurin en redingote dans le Palmarium du
Jardin d'Acclimatation" (I, 534).

C'est précisément à propos de la sonate de Vinteuil que l'incomplétude de Swann va prendre tout son sens dans un développement qui, mieux que beaucoup d'autres, montre l'intérêt
que revêt une lecture typologique de *A la recherche du temps
perdu*. Vers le début de *Un Amour de Swann*, nous voyons le
personnage principal venir retrouver Odette chez les Verdurin:
"A son entrée, tandis que Mme Verdurin montrant des roses
qu'il avait envoyées le matin lui disait: 'Je vous gronde' et lui
indiquait une place à côté d'Odette, le pianiste jouait, pour eux
deux, la petite phrase de Vinteuil qui était comme l'air national
de leur amour" (I, 218). Y a-t-il dans l'œuvre entière de Marcel
Proust une expression plus concise, plus spirituelle et plus
émouvante pour rendre la douceur de l'intimité qui lie deux
êtres? Il se peut que la séduction exercée par cette image nous
empêche de saisir une intention du romancier qui n'est pas de
prime abord évidente. Mais si nous déchiffrons le texte qui suit
en nous aidant de la grille que constitue la conception figurative, nous allons peut-être voir cette expression s'éclairer d'un
jour nouveau:

Elle [la petite phrase] passait à plis simples et immortels, distribuant çà
et là les dons de sa grâce, avec le même ineffable sourire; mais Swann y
croyait distinguer maintenant du désenchantement. Elle semblait connaître la vanité de ce bonheur dont elle montrait la voie. Dans sa grâce légère,
elle avait quelque chose d'accompli, comme le détachement qui succède
au regret. Mais peu lui importait, il la considérait moins en elle-même—en
ce qu'elle pouvait exprimer pour un musicien qui ignorait l'existence et de

lui et d'Odette quand il l'avait composée, et pour tous ceux qui l'entendraient dans des siècles—que comme un gage, un souvenir de son amour qui, même pour les Verdurin, pour le petit pianiste, faisait penser à Odette en même temps qu'à lui, les unissait; c'était au point que, comme Odette, par caprice, l'en avait prié, il avait renoncé à son projet de se faire jouer par un artiste la sonate entière, dont il continua à ne connaître que ce passage. "Qu'avez-vous besoin du reste? lui avait-elle dit. C'est çà notre morceau." Et même, souffrant de songer, au moment où elle passait si proche et pourtant à l'infini, que tandis qu'elle s'adressait à eux, elle ne les connaissait pas, il regrettait presque qu'elle eût une signification, une beauté intrinsèque et fixe, étrangère à eux, comme en ces bijoux donnés, ou même en des lettres écrites par une femme aimée, nous en voulons à l'eau de la gemme et aux mots du langage, de ne pas être faits uniquement de l'essence d'une liaison passagère et d'un être particulier. (I, 218-19)

Telle est l'attitude de Swann envers la sonate. Or, aucun doute n'est possible sur ce point, il méconnaît ici le sens de l'œuvre de Vinteuil. Ce qui est en cause dans cette incompréhension, c'est l'indifférence de l'auditeur à la signification "œcuménique" que la sonate possède. Nous avons vu que Swann, par certains côtés, rappelait les Juifs de l'Ancien Testament. Quand il renonce à entendre toute la sonate, n'est-il pas solidaire des Israélites contemporains du Christ qu'une longue tradition tenait coupables d'avoir opposé à la Bonne Nouvelle un refus procédant d'une conception étroite et nationaliste de leur religion? Le désenchantement de Swann ne rappelle-t-il pas la déception éprouvée par les Juifs croyant voir en Jésus le chef temporel d'Israël, plutôt que le Sauveur de l'humanité? Cette lecture gagnera peut-être en vraisemblance si l'on veut bien donner tout leur poids aux détails suivants: la comparaison de la petite phrase avec un air national dans lequel Odette voit ce qu'elle appelle "notre morceau," le désenchantement éprouvé par Swann après l'audition du passage qui lui paraît posséder "quelque chose d'accompli comme le détachement qui succède au regret," enfin l'évocation des bijoux et des lettres qu'on voudrait "faits uniquement de l'essence d'une liaison passagère et d'un être particulier," qui renvoient de façon non équivoque à un thème précis de l'histoire de la religion judéo-chrétienne. Le foyer secret autour duquel s'organisent ces notations, c'est, croyons-nous, l'idée de l'Ancienne Alliance conclue entre Jéhovah et le seul peuple élu, et dont la valeur réelle, au regard de la pensée patristique, est de préfigurer la Nouvelle Alliance, représentée dans le texte par "les dons de la grâce" que la petite phrase "à plis simples et immortels," "appartenant à un autre monde," distribue "çà et là," elle qui possède "pour un musicien qui ignorait l'existence et de lui et d'Odette . . . et pour tous ceux qui l'entendraient dans des siècles" une signification que Swann ne voudra pas retenir.

Interprétation aventureuse? Peut-être. Mais n'est-il pas troublant de lire chez Emile Mâle la description d'un sujet iconographique maintes fois traité dans la pierre et sur le verre par les artistes du XIIIème siècle: la défaite de la Synagogue et la victoire de l'Eglise au pied de la croix:

Ils mirent . . . l'Eglise à la droite de Jésus-Christ crucifié et la Synagogue à sa gauche. D'un côté l'Eglise, couronnée, nimbée, un étendard triomphal à la main, recueille dans le calice l'eau et le sang qui sortent de la plaie du Sauveur. De l'autre côté la Synagogue, les yeux couverts d'un bandeau, tient d'une main la hampe brisée de son drapeau, et de l'autre laisse échapper les tables de la Loi, pendant que la couronne tombe de sa tête (34).

Que Marcel Proust ait lu ce passage avec attention, c'est ce dont répond l'écho qu'on en trouve dans la description du porche de Balbec. Dans *Les Jeunes Filles en fleurs*, Elstir évoquera en effet devant le *Je* le voile

que la Vierge arrache de son sein pour en voiler la nudité de son fils d'un côté de qui l'Eglise recueille le sang, la liqueur de l'Eucharistie, tandis que de l'autre, la Synagogue, dont le règne est fini, a les yeux bandés, tient un sceptre à demi brisé et laisse échapper, avec sa couronne qui lui tombe de la tête, les tables de l'ancienne Loi . . . . (I, 840) (35)

De cette idée que les Juifs de l'ère chrétienne étaient coupables d'aveuglement, Marcel Proust avait d'ailleurs fait deux fois état dans son édition de *La Bible d'Amiens*. Par un texte de Joseph Milsand, cité par le préfacier, et dans lequel le critique fait allusion à un jugement de Ruskin sur un tableau du Tintoret:

Dans une composition du même Vénitien, une *Crucifixion*, Ruskin voit un chef-d'œuvre de peinture parce que l'auteur a su, par un incident en apparence insignifiant, par l'introduction d'un âne broutant des palmes à l'arrière-plan du Calvaire, affirmer l'idée profonde que c'était le matérialisme juif, avec son attente d'un Messie tout temporel et avec la déception de ses espérances lors de l'entrée à Jérusalem, qui avait été la cause de la haine déchaînée contre le Sauveur, et par là, de sa mort (36).

Ensuite dans une note où Proust renvoie à une remarque d'Emile Mâle:

La rose de Notre-Dame de Paris . . . offre un curieux détail: l'homme qui se révolte contre l'évêque porte le bonnet conique des Juifs . . . Le Juif qui depuis tant de siècles refusait d'entendre la parole de l'Eglise semble être le symbole même de la révolte et de l'obstination (37).

Ces textes nous paraissent laisser subsister peu de doutes quant à l'intention secrète de Marcel Proust dans le développement sur "l'hymne national" de l'amour qui lie Swann à Odette. Si c'est à Moïse qu'il faut penser quand nous voyons Swann privé par sa mort prématurée de connaître la révélation complète que dispensera le septuor, n'est-ce pas le *Judaeus obduratus*, le Juif endurci de la littérature patristique et de l'art gothique, qui a servi de modèle au romancier dans les passages où il évoque l'intérêt trop exclusif de Swann pour une partie de la sonate? Swann n'est pas, contrairement à ce qu'écrit Claude-Edmonde Magny, l'homme "qui a oublié les leçons de son amour pour Odette et la valeur mystique de la petite phrase de Vinteuil" (38); il est celui qui *se refuse* à comprendre; la limitation que s'impose le personnage est constamment réaffirmée. Ne nous serait-il pas loisible de la lire dans la syntaxe même des propositions dont le nom de Swann est le sujet (grammatical ou logique)? "Mais Swann aimait tellement les femmes qu'à partir du jour où il avait connu à peu près toutes celles de l'aristocratie et où elles *n*'avaient *plus rien* eu à lui apprendre, il *n*'avait *plus* tenu à ces lettres de naturalisation . . ." (I, 191); ". . . briller . . . d'une élégance que le nom de Swann à lui tout seul *n*'impliquait *pas*" (*ibid.*); "Il y annonçait à cette femme qu'il allait quitter Paris, qu'il *ne* pourrait *plus* venir" (I, 195); "il donnait à ses paroles un ton ironique comme s'il *n*'adhérait *pas tout entier* à ce qu'il disait" (I, 211); ". . . c'est chez les Verdurin que Swann retrouvait le petit noyau, mais il *ne* venait *que* le soir . . ." (I, 217); "Mais il *n'*entrait *jamais* chez elle" (I, 219); "Il *n'*allait chez elle *que* le soir et il *ne* savait *rien* de l'emploi de son temps pendant le jour" (I, 239); "comme si dans toute la vie incolore . . . de sa maîtresse il *n'*y avait *qu'*une seule chose en dehors de tous ces sourires adressés à lui: sa démarche sous un chapeau à la Rembrandt, avec un bouquet de violettes au corsage" (I, 240); "Il *n'*avait de rendez-vous avec Odette, au moins le plus souvent, *que* le soir" (I, 266) (39); ". . . il *n'*avait *pas* le temps d'aborder le fond" (I, 241). Telle est la tendance de Proust à caractériser son personnage par la négation, que même l'absorption totale de Swann dans la personne d'Odette, quand elle se produira, il la fera virer au compte de sa négativité: "On *ne* recevait *jamais plus* de lettre de lui où il demandât à connaître une femme. Il *ne* faisait *plus* attention à aucune" (I, 235). Swann est l'homme du *ne . . . pas* ou du *ne . . . que*.

A l'inachèvement de Swann s'opposera la réussite du Héros. Celui-ci comprendra ce à quoi Swann était resté aveugle ou ce qu'une mort précoce l'avait empêché d'apercevoir. Les conversations de Doncières (II, 103-119) et les exposés que fait l'amant d'Albertine sur Dostoievsky et Mme de Sévigné (III, 376-81) répondent aux propos charmants mais frivoles de Swann, de même que les réflexions superficielles de celui qui voit dans la musique de Vinteuil un gage, un souvenir de son amour pour Odette ou—pire encore—le moyen d'évoquer "le père Verdurin en redingote dans le Palmarium du Jardin d'Acclimatation" (I, 534) sont dépassées par la profession de foi du *Je* touchant la signification profonde du septuor: "Et pourtant, me dis-je, quelque chose de plus mystérieux que l'amour d'Albertine semblait promis au début de cette œuvre, dans ces premiers cris d'aurore"(III, 253) (40). Cette réussite, elle n'est pas donnée en bloc. Le Héros passera, lui aussi, par son Ancien Testament. Lui aussi, il piétinera longtemps avant d'entrer dans la Terre Promise: il perdra son temps dans les réceptions, il se méprendra sur le sens de certaines théophanies ou remettra au lendemain le soin d'approfondir ses impressions (41). Mais un jour viendra où il comprendra que le royaume de la musique n'est pas de ce monde, que la reviviscence des souvenirs est prometteuse d'éternité et qu'il est appelé à créer une grande œuvre.

C'est dans l'esprit de cette opposition typologique entre le Juif et le Gentil que le romancier a mis l'accent sur le côté israélite de Swann tout en déniant au *Je* fictif ce que Marcel Proust pouvait reconnaître de juif dans sa personne. Il est vrai que Swann est converti "et même déjà ses parents et ses grands-parents" I, 334-35) et qu'il sera enterré à l'église de Combray (II, 713), mais cela n'empêche que "le sémitisme de Swann," pour user d'une expression de Proust (III, 944), est constamment mis en évidence, et parfois dans des termes dont il serait vain de se dissimuler qu'ils reflètent une forme de racisme. Ainsi dans les *Jeunes Filles en fleurs*:

On dira peut-être que . . . la simplicité du Swann élégant n'avait été chez lui qu'une forme plus raffinée de la vanité et que, comme certains israélites, l'ancien ami de mes parents avait pu présenter tour à tour les états successifs par où avaient passé ceux de sa race, depuis le snobisme le plus naïf et la plus grossière goujaterie jusqu'à la plus fine politesse. (I, 432)

Mais il est d'autres aspects de Swann par lesquels se manifeste son hérédité, et que seule une lecture attentive du texte permet de déceler. Ainsi de la mobilité sociale du personnage. Quand Proust le réintroduit au début de *A l'ombre des jeunes filles en fleurs*, c'est pour parler de "coup de barre" (I, 431): les parents du *Je* avaient fréquenté un homme introduit dans les cercles les plus fermés et se montrant pourtant d'une exemplaire discrétion sur ses relations; le mari d'Odette est entre-temps passé au snobisme le plus ridicule. " Il s'était ingénié à se bâtir, fort au-dessous de l'ancienne, une position nouvelle et appropriée à la compagne qui l'occuperait avec lui" (I, 431). Ce qui a changé, c'est le genre de milieu que fréquente Swann et le prix qu'il attache ouvertement à ses relations; ses capacités d'adaptation ne constituent pas un élément nouveau de caractérisation; déjà notoires dès l'époque de *Un Amour de Swann*, elles avaient motivé un commentaire par lequel le romancier marquait fortement ce qui définissait le comportement social de Swann par opposition à celui de la plupart des Français de son temps:

Il n'était pas comme tant de gens qui, par paresse ou sentiment résigné de l'obligation que crée la grandeur sociale de rester attaché à un certain rivage, s'abstiennent des plaisirs que la réalité leur présente en dehors de la position mondaine où ils vivent cantonnés jusqu'à leur mort . . . Il ne s'enfermait pas dans l'édifice de ses relations, mais en avait fait, pour pouvoir le reconstruire à pied d'œuvre sur de nouveaux frais partout où une femme lui avait plu, une de ces tentes démontables comme les explorateurs en emportent avec eux. (I, 192)

Sans doute, le caractère itinérant de Charles Swann n'est-il pas présenté comme un trait juif du personnage, à moins que les "tentes démontables" ne doivent être comprises comme une allusion aux Hébreux nomades du désert. Mais un commentaire de l'épisode de la projection lumineuse va rendre cette interprétation assez vraisemblable. Car si Swann annonce le *Je*, il est lui-même préfiguré par un autre personnage qui est Golo:

Au pas saccadé de son cheval, Golo, plein d'un affreux dessein, sortait de la petite forêt triangulaire qui veloutait d'un vert sombre la pente d'une colline, et s'avançait en tressautant vers le château de la pauvre Geneviève de Brabant. Ce château était coupé selon une ligne courbe qui n'était guère que la limite d'un des ovales de verre ménagés dans le châssis qu'on glissait entre les coulisses de la lanterne. Ce n'était qu'un pan de château, et il avait devant lui une lande où rêvait Geneviève, qui portait une ceinture bleue. Le château et la lande étaient jaunes, et je n'avais pas attendu de les voir pour connaître leur couleur, car, avant les verres du châssis, la sonorité mordorée du nom de Brabant me l'avait montrée avec évidence. Golo s'arrêtait un instant pour écouter avec tristesse le boniment lu à haute voix par ma grand'tante, et qu'il avait l'air de comprendre parfaitement, conformant son attitude, avec une docilité qui n'excluait pas une certaine majesté, aux indications du texte; puis il s'éloignait du même pas saccadé. Et rien ne pouvait arrêter sa lente chevauchée. Si on bougeait la lanterne, je distinguais le cheval de Golo qui continuait à s'avancer sur les rideaux de la fenêtre, se bombant de leurs plis, descendant dans leurs fentes. Le corps de Golo lui-même, d'une essence aussi surnaturelle que celui de sa monture, s'arrangeait de tout obstacle matériel, de tout objet gênant qu'il rencontrait en le prenant comme ossature et en se le rendant intérieur, fût-ce le bouton de la porte sur lequel s'adaptait aussitôt et surnageait invinciblement sa robe rouge ou sa figure pâle, toujours aussi noble et aussi mélancolique, mais qui ne laissait paraître aucun trouble de cette transvertébration. (I, 9-10)

Cette évocation précède le triple récit qui nous est fait de l'arrivée de Swann. Or, Golo et Swann présentent de nombreuses ressemblances: c'est le soir dans une chambre obscure qu'a lieu la séance de projection lumineuse. En ceci, Golo annonce

Swann, dont le Narrateur nous dit: "On ne le reconnaissait en effet qu'à la voix, on distinguait mal son visage au nez busqué, aux yeux verts . . . parce que nous gardions le moins de lumière possible au jardin pour ne pas attirer les moustiques . . ." (I, 14). Pareil à Golo, Swann est "l'obscur et incertain personnage qui se détachait . . . sur un fond de ténèbres" (I, 19). "Golo, plein d'un affreux dessein," s'avance vers le château de la pauvre Geneviève de Brabant. De quel dessein s'agit-il? Dans la légende, Geneviève, faussement accusée d'adultère par l'intendant, est condamnée à mort par son mari, le comte Sifroy. La méchanceté de Golo a donc pour résultat de séparer le couple. De même, si l'arrivée de Swann est attendue avec angoisse, c'est qu'elle aura pour effet de séparer l'enfant de sa mère. Si Golo est dangereux, il n'empêche qu'il conforme son attitude "avec une docilité qui n'excluait pas une certaine majesté aux indications du texte" (I, 10). Swann aussi se montre docile vis-à-vis de la grand'tante:

Si la conversation tombait sur les princes de la Maison de France: "des gens que nous ne connaîtrons jamais ni vous ni moi et nous nous en passons, n'est-ce pas," disait ma grand'tante à Swann qui avait peut-être dans sa poche une lettre de Twickenham; elle lui faisait pousser le piano et tourner les pages les soirs où la sœur de ma grand'mère chantait, ayant, pour manier cet être ailleurs si recherché, la naïve brusquerie d'un enfant qui joue avec un bibelot de collection sans plus de précautions qu'avec un objet bon marché. (I, 18)

La docilité dont Swann fait preuve prend deux formes: sa facilité à s'exécuter quand on réclame sa collaboration, et la discrétion dont il témoigne alors qu'il pourrait relever les réflexions de la grand'tante, c'est-à-dire refuser d'être ce personnage qu'elle crée ("le Swann . . . que créait ma grand'tante, quand . . . elle injectait et vivifiait de tout ce qu'elle savait sur la famille Swann l'obscur et incertain personnage . . .," I, 18-19), un peu de la même façon qu'elle crée Golo en lisant le boniment.

La concordance entre les deux personnages s'observe également dans le vocabulaire du Narrateur. Les mots "ovale" et "doré," qui caractériseront le tintement de la clochette annonçant l'arrivée de Swann, font déjà leur apparition dans l'épisode de la lanterne magique: le Narrateur nous parle en effet de "la ligne courbe qui n'était guère que la limite d'un des ovales de verre ménagés dans le châssis" et de "la sonorité mordorée du nom de Brabant" (I, 9). Cette sonorité montre "avec évidence" que le château et la lande sont jaunes. C'est avec la même évidence que le tintement timide, ovale et doré annoncera l'arrivée de Swann: "Tout le monde aussitôt se demandait: une visite? Qui cela peut-il être? Mais on savait bien que cela ne pouvait être que M. Swann" (I, 14).

Enfin le corps de Golo, ce corps qui "s'arrangeait de tout obstacle, de tout objet gênant qu'il rencontrait en le prenant comme ossature" sans perdre pour autant son identité, dût-il même se rendre intérieur "ce bouton de la porte sur lequel s'adaptait aussitôt et surnageait invinciblement sa robe rouge ou sa figure pâle, toujours aussi noble et aussi mélancolique, mais qui ne laissait paraître aucun trouble de cette transvertébration," ce corps n'est-il pas une image de la personne sociale de Swann, dont Proust notera la facilité d'adaptation à des conditions nouvelles d'existence?

Les bourgeois d'alors, qui "se faisaient de la société une idée un peu hindoue, et la considéraient comme composée de castes fermées" (I, 16), éprouveront, à voir Swann passer d'un milieu à l'autre, la même surprise que le petit garçon en face des transvertébrations du cheval de Golo "qui continuait à s'avancer sur les rideaux de la fenêtre, se bombant de leurs plis, descendant dans leurs fentes" (I, 10) (42).

Au vu du seul texte de l'"Ouverture" du roman tel qu'il a été publié, on pourrait hésiter à nous suivre dans l'interprétation ici proposée. Mais il suffira de faire un détour par les manuscrits de *Combray* pour achever de démontrer le caractère préfiguratif de Golo et en même temps pour donner toute crédibilité à l'hypothèse d'un lien entre le thème de la mobilité sociale de l'Israélite et la facilité avec laquelle l'image s'accommode du relief sur lequel elle est projetée. Le cahier IX contient en effet une version hautement instructive du drame du coucher quotidien. Il y est question d'un personnage voué à disparaître presque complètement dans les versions ultérieures: la mère de Swann, présente dans le roman publié par deux allusions au plus (celle de la maladie dont elle était morte: II, 578; et peut-être par l'évocation de "la mère Moser qui disait: 'Ponchour Mezieurs,' " III, 659) (43). On trouve dans le développement que nous citons plus bas l'attestation du rapport mobilité sociale-judéité: nouvellement arrivé en France, le Juif est un voyageur; ses habitudes de pérégrination lui rendent plus facile qu'à d'autres un mouvement d'ascension sociale:

> Elle s'éleva, à la façon d'une bulle plus légère et plus brillante qui monte silencieusement au milieu des molécules d'un liquide que leur cohésion voue à plus d'immobilité. Fraîchement débarquée d'Orient (sa famille n'habitait la France que depuis cinq ou six générations), elle avait encore cette instabilité, ce goût du nouveau, cette souplesse de l'organisme, qui peut se prêter à ce qu'il désire, grâce auxquels un voyageur à peine arrivé dans un pays nouveau entreprend une excursion comme il n'aurait ni la force ni le goût, ni même l'idée d'en faire dans le lieu de sa résidence et de ses habitudes. Ces quelques amitiés brillantes qui l'élevèrent et aux signaux appeleurs de qui les autres femmes du même milieu bourgeois eussent sans doute opposé (aussi bien que s'ils lui [sic pour "leur"] avaient été adressés du fond de la planète Mars) une raideur articulaire, un non possumus physiologique, statique, astronomique, tiré de leur soumission aux lois de la gravitation qui ne leur permettait de ressentir les attractions qu'en raison inverse du carré des distances et à condition qu'elles partissent de leur "monde," ces amitiés brillantes, Madame Swann, qui n'avait aucune vanité, les dissimula facilement grâce au jeu innocent et naturel de sa distinction et de sa délicatesse, à tout son entourage de femmes de notaires et d'agents (44).

Ce texte peut retenir l'attention du lecteur à plus d'un titre; on notera l'humour de la réflexion sur la famille qui "n'habitait la France que depuis cinq ou six générations"; on relèvera aussi l'utilisation qui est faite de la loi de la gravitation universelle, double signe, au regard d'un écrivain d'accord sur ce point avec toute une tradition, de ce que la bourgeoisie représente: monde de la matière et de la pesanteur, monde aussi de l'esprit d'analyse et de l'explication quantitative, qu'elle pratique à l'exclusion de tout autre mode d'appréhension de la réalité, et dont elle est en retour justiciable. En ce qui nous concerne ici, le détail éloquent est celui des notations mises en œuvre pour opposer le Juif et la société au sein de laquelle il évolue: "à la façon d'une bulle plus légère et plus brillante qui monte silen-

cieusement . . . ." Comparaison qui fait songer à l'évocation de
la projection lumineuse dans le roman publié (l'ovale de verre
aux couleurs jaune et bleue n'est-il pas lui-même comme une
bulle légère et brillante?) et par ailleurs aussi à la description
poétique qu'on en peut lire dans le cahier IX, où il est question
de "belles taches lumineuses et bleues, comme celles que l'on
voit sur les ailes de certains papillons *prêts à s'envoler*" (45).

A ces textes on joindrait avec profit le développement sur
les lilas dépassant "de leur rose minaret" "le pignon gothique"
de la maison des Archers dans le parc de M. Swann (I, 135) (où
la mosquée peut être interprétée comme un trope pour la synagogue), ainsi que la séquence consacrée aux ruines du château
de Combray, dans laquelle les boutons d'or sont présentés
comme des fleurs étrangères apatriées au village mais "gardant
. . . dans leur simplicité populaire un poétique éclat d'Orient"
(I, 168). Mais le rapprochement décisif entre les différents
motifs, c'est par la plume même du Narrateur qu'il s'opère dans
Les Jeunes Filles en fleurs. Dans un mouvement de synthèse et
d'explicitation rare chez un romancier, Proust, jouant au critique thématicien, fait converger à la surface du texte des éléments jusque-là dispersés et que seuls les hasards heureux de
relectures fragmentaires nous avaient permis de saisir d'un coup
d'œil. Savourant"un gâteau au chocolat gothiquement historié,"
le Héros se laisse aller à rêver aux assiettes à petits fours de la
tante Léonie. Leurs "sujets," inspirés des *Mille et une nuits*
(parmi lesquels se trouve Ali-Baba) constituent le point de
départ d'un système de comparaisons explicites que voici:

. . . dans le gris et champenois Combray, leurs vignettes s'encastraient multicolores, comme dans la noire Eglise les vitraux aux mouvantes pierreries,
comme dans le crépuscule de ma chambre les projections de la lanterne
magique, comme devant la vue de la gare et du chemin de fer départemen-
tal les boutons d'or des Indes et les lilas de Perse, comme la collection de
vieux Chine de ma grand'tante dans sa sombre demeure de vieille dame de
province. (I, 904)

Trois motifs essentiels dans ce complexe thématique: les
fleurs, les vitraux, la projection lumineuse. De Swann il n'est pas
question, mais le lecteur de *Combray* se souviendra ici de la
comparaison par laquelle le Narrateur donne à comprendre

combien surprise eût été sa grand'tante si elle avait appris à quel point le mari d'Odette était répandu: "cela eût paru aussi extraordinaire à ma tante qu'aurait pu l'être . . . la pensée . . . d'avoir eu à dîner Ali-Baba, lequel, quand il se saura seul, pénétrera dans la caverne éblouissante de trésors insoupçonnés" (I, 17-18). Nous voici maintenant prêts à prendre une vue synoptique des éléments mis en jeu dans les différents textes: le tableau reproduit p. 36 nous y aidera.

La première chose à noter dans le texte de I, 904 est le rapprochement des boutons d'or et des lilas; dans *Combray*, nous les avions vus situés respectivement près du bord de la Vironne et dans le parc de M. Swann. Proust oublie ici le partage en deux "côtés" et il plante les deux espèces de fleurs au même point de la topographie combracienne: façon comme une autre de leur faire jouer un rôle identique dans son univers imaginaire. Nous pouvons dès lors, comme nous l'avions suggéré plus haut, mais en nous autorisant de l'exemple de l'auteur cette fois, poser l'équation: lilas-minarets (c'est-à-dire synagogues) = boutons d'or "au joli nom de Princes de contes de fées français venus peut-être il y a bien des siècles d'Asie." Mais la convergence vraiment parlante dans le texte de *A l'ombre des jeunes filles en fleurs*, c'est celle en vertu de laquelle les fleurs sont comparées aux vitraux et à la projection lumineuse: à condition de superposer tous les textes, on pourra lire sous "lilas," "Swann," et, bien entendu, sous "projection," "Golo." Dès lors l'équation lilas-boutons d'or = vitraux = projection prend tout son sens. D'une part, la bulle, avec laquelle Mme Swann est comparée, présente des analogies (non posées dans le texte manifesté) avec les taches lumineuses sur les ailes des papillons, lesquelles taches, on s'en souvient, servent de véhicules à la teneur "projection lumineuse." Se dégage de ceci une série d'oppositions qui sont: Mme Swann [= Swann] : bourgeoises non juives : : bulle : liquide voué à l'immobilité : : projection lumineuse : chambre : : vitrail gothique : art roman. Donc.Swann = bulle lumineuse = projection = vitrail (46).

Evidemment cette analyse nous a sensiblement éloigné de ce que nous avions entrepris de démontrer. Nous étions parti du rapport figuratif entre Golo et Swann. Comme la relation typo-

THÈMES / TEXTES	lilas	boutons d'or	projection lumineuse	taches lumineuses	vitrail gothique	mère de Swann	bulle	sujets des assiettes à petit fours	vieux Chine	Swann
Cah IX, 29r°			X	X						
Cah IX, 48r°-50r°						Juive ↔ bourgeois	X ↔ liquide voué à l'immobilité			
RTP I, 9			X ↔ opacité des murs		X ↔ art roman					
RTP I, 17-18								Ali-Baba		X
RTP I, 135	lilas-minarets ↔ pignon gothique									
RTP I, 168		X ↔ modeste horizon . . . petite vue de la gare								
RTP I, 904	boutons d'or et lilas ↔ gare et chemin de fer départemental		X ↔ crépuscule de ma chambre		X ↔ noire Église			X ↔ gris et champenois Combray	X ↔ sombre demeure	
ÉQUATIONS THÉMATIQUES NON MANIFESTÉES				X	X	X	X			X

logique a pour condition nécessaire la ressemblance entre deux entités, nous avions essayé de dresser un inventaire des points sur lesquels une comparaison peut s'établir entre l'ami du Héros et l'intendant de Sifroy: qualité vespérale, caractère d'"obscur et incertain personnage," "mauvais dessein," docilité, discrétion, rôle des mots "ovale" et "doré," enfin capacité de "transvertébration." C'est sur ce dernier point que nous nous étions arrêté: il s'agissait d'insister dans notre commentaire sur le côté "Juif errant" de Swann et d'ainsi faire voir que la liberté de mouvements de Golo est susceptible d'être interprétée comme le symbole de la facilité d'évolution sociale du père de Gilberte. Or, de notre analyse, est surtout ressorti un système d'oppositions dans lequel se trouvent campés face à face deux blocs: Swann et sa mère, Golo et les taches sur les ailes des papillons, le vitrail gothique, la bulle irisée, Ali-Baba et le vieux Chine d'une part, et de l'autre, la société bourgeoise aux castes hindoues, les murs de la chambre, les églises romanes, le liquide voué à l'immobilité, le gris et champenois Combray, la sombre demeure de la tante Léonie. Mais dans ce complexe thématique, Swann n'est pas en progression sur Golo: les deux personnages sont interchangeables, et loin qu'ils soient identifiables avec l'être aveugle et figé dans une tradition morte qu'est le *Judaeus obduratus*, ils représentent au contraire la différence originelle introduite au sein d'un chaos immobile et inerte, la forme qui "jure" avec ce qui l'entoure, tel dans *La Nausée*, Roquentin et ses cheveux roux, la négresse et, précisément, le Juif New-Yorkais, auteur de l'air de jazz. Sur le plan où s'opère le passage du chaos à la genèse, Swann et Golo, créatures également pittoresques et diasporiques dans la société des bourgeois autochtones et le décor familier de la chambre, sont une présence lumineuse et mouvante, donc vivante, dans un monde opaque et figé (47). Mais tout ceci n'empêche pas que la correspondance entre la mobilité de l'image projetée sur le mur et celle de l'Israélite dans la société française joue aussi sur un autre plan, sur lequel le trait commun n'est que le support du rapport figuratif qui unit en les opposant les deux éléments. Déjà mise en évidence dans *Jean Santeuil* comme simple *littera*, la mobilité de l'image projetée par la lanterne devient, dans l'univers imaginaire de *La Recherche*, une *figura* de l'immigrant Juif.

Si nous poursuivons notre lecture du *Temps perdu*, nous serons frappé par un autre épisode de la vie de Swann qui rappelle l'arrivée de Golo. Voici comment Proust raconte la façon dont Swann, en proie à la jalousie, essaye de prendre la jeune femme en flagrant délit:

Parmi l'obscurité de toutes les fenêtres éteintes depuis longtemps dans la rue, il en vit une seule d'où débordait—entre les volets qui en pressaient la pulpe mystérieuse et dorée—la lumière qui remplissait la chambre . . . Certes il souffrait de voir cette lumière dans l'atmosphère d'or de laquelle se mouvait derrière le châssis le couple invisible et détesté; . . . Et pourtant il était content d'être venu: le tourment qui l'avait forcé de sortir de chez lui avait perdu de son acuité . . . maintenant que l'autre vie d'Odette, . . . il la tenait là, éclairée en plein par la lampe, prisonnière sans le savoir dans cette chambre où, quand il le voudrait, il entrerait la surprendre et la capturer. . . . (I, 273)

La volonté de séparer le couple d'amants, écho du "mauvais dessein" de Golo (I, 9), l'atmosphère d'angoisse, la couleur dorée de la lumière qui se détache sur un fond d'obscurité, et surtout le mot "châssis" ne sont-ils pas là comme autant de rappels de l'épisode de la lanterne magique, dont le caractère de scène originaire—à la fois genèse et prophétie—apparaît de plus en plus nettement (48)?

On objectera peut-être que l'on n'observe pas, de Golo à Swann, cette progression qui conduit de l'imparfait au parfait, constitutive du rapport qui lie Swann au *Je*, comme de tout rapport véritablement typologique. Parler de figure, dans ce cas, n'est-ce pas faire un rapprochement ingénieux peut-être, mais étranger aux intentions de l'auteur? A cette objection, on répondra que, du séducteur de Geneviève au voisin de Combray, une transition s'opère du légendaire au réel. La progression a bien lieu, non dans la découverte de la vérité, mais dans le degré d'existence effective. Golo est un reflet inconsistant, une projection, une *umbra*; Swann est une personne vivante.

Que Marcel Proust, au moment où il compose l'ouverture de *Combray*, se souvienne effectivement des lectures qu'il a faites dans Emile Mâle, c'est ce que semble indiquer un détail pittoresque, superficiel et pourtant capital: la comparaison entre la projection lumineuse et un vitrail:

. . . à l'instar des premiers architectes et maîtres verriers de l'âge gothique, elle [la lanterne magique] substituait à l'opacité des murs d'impalpables irisations, de surnaturelles apparitions multicolores, où des légendes étaient dépeintes comme dans un vitrail vacillant et momentané. (I, 9) (49)

Si nous relisons, dans *Jean Santeuil*, la description de la projection, nous constaterons que le texte contient déjà la comparaison avec le vitrail d'église, et que cette notation est même plus développée que dans *A la recherche du temps perdu*:

Et voici tout d'un coup sur ce simple mur tendu de papier à dessins gris, au-dessus du vieux canapé noir, comme si un vitrail surnaturel, non pas en verre bleu, rouge, violet, mais comme une apparition de vitrail en apparence de verre, en clarté rouge, bleue violette, s'avançait en tremblant, en avançant et reculant, à la manière des fantômes et des reflets. Etait-ce à ces belles couleurs comme Jean en avait souvent admiré sur les piliers des églises, quand les vitraux y rabattaient un jour multicolore et précieux que les personnages . . . devaient la poésie fantastique qu'ils gardèrent dans son imagination (50)?

Dans *Jean Santeuil*, l'épisode ne joue aucun rôle figuratif. Mais entre la composition de ce premier essai romanesque et celle du chef-d'œuvre de la maturité, Marcel Proust avait pu lire, dans *L'Art religieux du XIIIème siècle en France*, cette petite phrase: "Les œuvres les plus importantes que l'art gothique ait consacrées à la concordance des deux Testaments sont des vitraux" (51); et sans que nous soyons en mesure de déterminer quelle est cette "étude sur les vitraux" que l'écrivain dit avoir en train en mai 1908 (52), nous en savons assez pour dire qu'il est hautement probable que c'est la remarque d'Emile Mâle qui a orienté le romancier vers l'application du schème typologique à l'épisode de la projection: la ressemblance tout extérieure, telle qu'elle est notée dans *Jean Santeuil*, il devenait dès lors possible de lui donner une justification fonctionnelle; de même que les vitraux des églises gothiques racontent des épisodes de l'Ancienne Alliance auxquels sont rattachés par de nombreux liens ceux de l'Ancien Testament, ainsi le personnage-reflet qu'est Golo allait préfigurer le personnage réel de Charles Swann. On peut même émettre l'hypothèse que c'est précisément par là que tout a commencé. Il est à tout le moins concevable que c'est la mise en jeu ponctuelle du procédé qui a fait entrevoir au romancier des possibilités d'application plus générale du thème de la préfiguration (53).

Ainsi lancé sur la voie de la construction typologique, Proust allait multiplier dans son œuvre les rapports figuratifs qui s'établiront non seulement *entre* Swann et le *Je*, et *entre* Golo et Swann, mais aussi *à l'intérieur même* de l'histoire des deux principaux personnages: "le bonheur après décès" dont Swann jouit en devenant le mari d'une femme dont il a cessé d'être épris est, nous dit Proust, "comme une préfiguration" de la réalisation posthume d'un autre désir: ami de la duchesse, il rêvera de pouvoir lui présenter sa femme et sa fille, mais ce souhait se heurtera à un véto absolu, alors que, une fois Swann mort, nous verrons Oriane non seulement accepter de recevoir, mais même fréquenter Odette et Gilberte (I, 471). Quant au Protagoniste, il reconnaît dans ses premières amours "de minces et timides essais qui préparaient, des appels qui réclamaient ce plus vaste amour: l'amour pour Albertine" (III, 252), de même que, dans l'histoire de cette liaison, les premières velléités d'approcher la jeune fille préfigurent la cohabitation à Paris où, écrit le Narrateur, "ma vie était étroitement unie à la sienne" (*ibid.*) (54). Proust ne s'arrête d'ailleurs pas là; cette double relation typologique dans le progrès de la passion amoureuse est mise en parallèle avec le progrès de la création artistique: la sonate de Vinteuil et d'autres œuvres de jeunesse du compositeur annoncent "le chef-d'œuvre triomphal et complet" que sera le septuor, de même que, à l'intérieur de ce chef-d'œuvre, les différents éléments exposés tour à tour préparent et réclament la révélation finale (*ibid.*) (55).

Enfin, la longue méditation sur la littérature qui s'insère dans *Le Temps retrouvé* fera intervenir des réflexions sur les rapports entre le vécu et l'écrit auxquelles le thème de la concordance donnera un tour particulier. L'expérience—et l'on sait combien cette idée est liée chez Proust à celle de souffrance—sera en quelque sorte l'Ancien Testament par rapport auquel le texte (Proust n'use jamais du mot "roman" pour désigner l'œuvre dont rêve son *Je*) sera un Nouveau Testament. Mais aussi, idée plus curieuse, bien que, dans un sens, très naturelle puisque c'est de l'Ecriture que nous vient le concept de préfiguration, écrire, c'est préfigurer. On ne peut évoquer les amours qu'après les avoir vécus; mais on peut aimer (donc souffrir) après avoir écrit; et c'est la vie amoureuse alors qui réalisera la prophétie inscrite dans le texte poétique:

> ... les amours, les chagrins du poète lui ont servi, ils l'ont aidé à construire son œuvre, les inconnues qui s'en doutaient le moins, l'une par une méchanceté, l'autre par une raillerie, ont apporté chacune leur pierre *pour l'édification du monument qu'elles ne verront pas* ... A ce premier point de vue, l'œuvre doit être considérée ... comme un amour malheureux qui en présage fatalement d'autres et qui fera que la vie ressemblera à l'œuvre, que le poète n'aura presque plus besoin d'écrire, tant *il pourra trouver dans ce qu'il a écrit la figure anticipée de ce qui arrivera*. (III, 904) (56)

Ainsi, de Golo à Swann, de Swann au *Je* actuel et du *Je* actuel au *Je* futur, comme de la jeunesse de Vinteuil à sa maturité et du jeune Swann au Swann plus âgé, nous voyons le passé annoncer le présent et le présent l'avenir, selon une conception de l'histoire qui est foncièrement celle d'un saint Augustin (57).

Cette vision théologique, il convient toutefois de le reconnaître, s'est trouvée plus d'une fois contaminée dans l'esprit de Proust par des façons de comprendre la réalité avec lesquelles elle ne présente que la plus lointaine ressemblance. Parfois, c'est l'imprécise et banale superstition ("signe ... présage ... fatalement," III, 903-04, cité plus haut) qui vient se mêler à la religion. Ailleurs, c'est une observation dictée par le simple bon sens: "la similitude de nos sentiments ... fait qu'une œuvre est à la fois le souvenir de nos amours passées et la prophétie de nos amours nouvelles" (III, 907-08). Du bon sens, il arrive que l'auteur s'élève à un niveau d'intuitions pareilles à celles qui devaient bientôt rendre Freud célèbre, mais tout aussi étrangères à la philosophie de l'histoire héritée du moyen âge chrétien: c'est le cas avec la remarque sur l'angoisse éprouvée par l'enfant séparé de sa mère, angoisse "qui plus tard émigre dans l'amour" (I, 185, réflexion annoncée au début de *Combray*, I, 30) (58). Enfin, on verra l'écrivain emprunter telle de ses comparaisons aux sciences naturelles et invoquer plutôt la téléologie d'un Lamarck que la théologie d'un saint Augustin: ainsi quand il dénonce ces amateurs d'architecture ou de musique "qui n'extraient rien de leur impression, vieillissent inutiles et insatis-

faits, comme des célibataires de l'Art!" "Ils sont les premiers
essais de la nature qui veut créer l'artiste, aussi informes, aussi
peu viables que ces premiers animaux qui précédèrent les espèces
naturelles et qui n'étaient pas constitués pour durer" (III, 892)
(59).

D'une part: "figure," "préfiguration," "image anticipée,"
"prophétie." De l'autre: "velléité," "essai," "appel," "tenta-
tive," "célibat," "signe," "présage." La diversité d'origine de
ces expressions—pour ne rien dire de telle réflexion qui contre-
dit la vision typologique (60)—indique assez que nous avons
affaire à un écrivain peu soucieux de l'intégrité de la pensée
théologique et pour lequel le schéma typologique n'est qu'une
traduction, privilégiée, certes, mais non exclusive. Il n'est donc
pas question de donner dans un réductionisme naïf et de faire
de Marcel Proust un romancier catholique. Comme le note
Adele King: "*A la recherche* does not preach Christianity; rather
it borrows the habit of imagination found in the liturgy and art
of the Christian religion to create its own vision of the world"
(61).

Sur quoi a porté le travail de traduction rendu possible par
la notion de prophétie phénoménale? Le texte de la "version,"
c'est l'expérience et la situation personnelles de Marcel Proust
qui l'ont fourni. C'est sur cette expérience et cette situation
qu'il faudra s'interroger si l'on veut dépasser un simple constat
d'influence et tenter de comprendre pourquoi Proust a *choisi*
de se laisser séduire par ce que lui ont appris Ruskin et Emile
Mâle (62).

Des raisons profondes qui peuvent rendre compte de l'emprunt, l'une tient à la personne même de Marcel Proust; d'autres
découlent des difficultés inhérentes au genre romanesque et,
plus particulièrement, à l'entreprise littéraire de l'écrivain; mais
tout ne serait pas dit si l'on n'invoquait également le climat
intellectuel des années de jeunesse de l'auteur.

Si Marcel Proust a été séduit par les possibilités qu'offre l'interprétation typologique de l'histoire, c'est sans doute qu'il
retrouvait certains traits de son propre destin dans l'histoire de
la révélation judéo-chrétienne. Proust avait en effet atteint l'âge
de trente-huit ans sans dépasser le stade des tentatives. La Terre

Promise du grand roman, il pouvait désespérer de jamais l'attein-
dre et se croire condamné à devoir se satisfaire de l'Ancienne
Loi des *Plaisirs et les Jours* et de *Jean Santeuil*. Mais voici que
quelques intuitions heureuses le mettaient sur la voie de la réalisation. Le travail consacré à Sainte-Beuve lui faisait pressentir
qu'il était au seuil de la création. Aussi, dans le caractère pro-
gressif de la Révélation qui suscite, avant Jésus-Christ ce précurseur qui s'appelle Abraham, avant l'Eglise ce premier essai
qu'est la Synagogue, et avant le Paradis ce premier séjour qui a
nom Terre de Chanaan, Proust a-t-il pu reconnaître un trait fon-
damental de sa propre histoire et voir dans ses œuvres de jeunesse
comme des "figures" du chef-d'œuvre qu'il se sentait désormais
capable de composer. "Dès 1903, en rédigeant les notes de *La
Bible d'Amiens*," note Vigneron, "Proust a adopté l'idée ruskinienne que le prophète ou l'artiste peuvent rester longtemps
ignorants de ce que sera leur mission" (63). Les textes de Ruskin que l'écrivain cite dans une note de sa traduction peuvent se
lire comme des témoignages sur l'état d'attente où se trouve
Proust à ce moment: "Quand il [Moïse] vit se dérouler devant
lui l'histoire entière de ses quarante dernières années et quand le
mystère de son propre ministère lui fut enfin révélé . . .''; "Ainsi,
d'année en année, j'ai été amené à parler, ne sachant pas, lorsque je dépliais le rouleau où était contenu mon message, ce qui
se trouverait plus bas, pas plus qu'un brin d'herbe ne sait quelle
sera la forme de son fruit" et "[Giotto] vit à ses pieds les innombrables tours de la cité des lys; mais la plus belle de toutes
(le Campanile) était encore cachée dans les profondeurs de son
propre cœur" (64). Paradoxalement, ces textes non seulement
décrivent la situation du créateur ignorant de l'œuvre qu'il
porte en lui, ils contiennent aussi le thème unificateur grâce auquel, six ans plus tard, Proust, réunissant dans une même toile
les fils divergents, réussira à sortir de cette attente passive: précisément en racontant une histoire ponctuée de déceptions,
d'échecs, de tentatives maladroites, de faux départs, celle d'un
homme qui espère et que vient finalement combler une révélation.

Cette conception de la temporalité, telle qu'elle règne au
niveau de l'histoire imposée par le romancier à son Protagoniste

fictif, elle s'adaptait parfaitement au style que Proust était en train de se donner: ce n'est pas un des moindres motifs de notre admiration que de voir à quel point le discours du *Je*, à l'échelle de la phrase, est en accord parfait avec le principe qui gouverne le développement du récit. Les différentes instances à l'œuvre dans l'élaboration du texte, à l'exception—combien significative—du pseudo-Goncourt, ne présentent-elles pas en effet impressions, souvenirs, relations et indications de toutes sortes à la façon du Dieu de l'Ecriture, c'est-à-dire en traçant des signes que le lecteur ne pourra déchiffrer qu'une fois déroulée la période entière. Leo Bersani a bien vu la tendance de Proust à nous donner la description de l'objet avant l'objet et, en conformité avec l'esthétique inpliquée dans les propos du *Je* sur Dostoievski et Mme de Sévigné, à nous imposer d'abord les erreurs de perception que viendront corriger ensuite les "rectifying . . . truths." Il n'est pas sans intérêt de constater que le critique retrouve instinctivement le langage de la théologie quand il décrit la métaphore proustienne dans certaines modalités de son application: "Metaphor is . . . used to *anticipate* certain events; for the reader, metaphorical description often *prefigures* what is yet to come in the novel . . . images that are first used to describe certain incidents may become later on real incidents in Marcel's life. Military tactics, for example, are used metaphorically to describe Marcel's servants' shrewd strategies for dealing with his character before we see Marcel at Doncières; but with Saint-Loup and his friends at Doncières, it is military strategy itself that Marcel has to understand . . ." (65).

Une autre raison de l'écho que trouvent chez Proust ses lectures d'Emile Mâle est que le schéma typologique permettait au créateur de résoudre d'une façon heureuse et originale un problème qui se pose à bien des romanciers. Les brouillons nous montrent en effet que Proust avait hésité entre deux formules également séduisantes et également limitées de l'art narratif: celle du roman-lui et celle du roman-je. Cette indécision dut prendre fin le jour où il comprit que la construction figurative le mettait en mesure d'écrire, dans le cadre de la même œuvre, un récit "objectif" mettant en scène un amant aussi souvent ridicule et de mauvaise foi que pathétique et le récit d'une subjectivité toujours à l'abri de la critique et du soupçon: l'Ancien Testament, ce serait la troisième personne, bénéficiaire de la révélation incomplète et vouée au moi social; le Nouveau Testament, ce serait le *Je*, ou la révélation enfin comprise, le dépassement du "moi social" par le "moi créateur" qui transcende les possibilités d'explications à la Sainte-Beuve.

Mais de telles considérations sont également valables pour Marcel Proust et bien d'autres romanciers. C'est en outre à des difficultés propres à son entreprise romanesque que l'écrivain a dû trouver une solution. Il est possible de prétendre établir entre temps perdu et moment présent un lien qui trouve sa caution dans la mise en jeu de la mémoire affective et l'exposé théorique qui l'accompagne. Il est possible aussi, d'autre part, de mettre en évidence la rupture entre un passé de dilettantisme stérile et un présent d'intuitions créatrices. Mais la conjonction de ces deux projets ne va pas sans provoquer un conflit, que l'utilisation métaphorique du rapport figuratif aura pour but de résoudre. Continuité et discontinuité se trouvant conciliées comme dans la vision du monde aux termes de laquelle l'Ancien Testament, simple figure, est pourtant aussi déjà en puissance la Bonne Nouvelle, Swann, selon l'éclairage, apparaîtra ou bien comme le précurseur sans lequel l'œuvre du *Je* eût été inconcevable ("la matière de mon expérience, laquelle serait la matière de mon livre, me venait de Swann," III, 915) ou bien comme l'amateur velléitaire que serait resté le Protagoniste s'il avait persévéré dans son culte passif de la beauté et des valeurs mondaines, au lieu de réintroduire dans sa vie ces "travaux" gommés le jour où Proust, s'inspirant d'Hésiode, avait inventé le titre *Les Plaisirs et les Jours*. D'ailleurs, abstraction faite de la contradiction qui peut surgir entre l'exploitation du thème frivolité-travail et le jeu de la mémoire involontaire, une difficulté découle de l'exercice même de cette faculté: certes le *Je* qui se souvient est à la fois dans la chambre de Tante Léonie et en ce lieu indéterminé où sa mère lui fait avaler un morceau de madeleine, et nous sommes prêts à croire le Narrateur sur parole quand il nous propose sa théorie du "temps à l'état pur"; mais quel est le lien entre le moi de Combray et celui de Balbec, de Doncières et de Venise? Bersani a mis l'accent sur la discontinuité d'une œuvre dont l'auteur resterait fidèle au projet annoncé de fonder le récit sur les souvenirs affectifs purs (66). Pour que la *Recherche* ne soit pas une série d'évocations discrètes à la façon de *Jean Santeuil*, Proust fait intervenir bien des motifs, des prétextes et des procédés. Le principe de la correspondance typologique entre l'Ancien et le Nouveau Testament jouera un rôle non négligeable dans cette réorganisation de l'œuvre. Au moi empirique introduit dans les premières phrases du roman comme *fons et origo* du discours qui, pour avoir voulu se saisir comme totalité dans le caractère spécifique des moments privilégiés, n'est parvenu qu'à susciter des images repliées sur elles-mêmes, se voit substitués l'instance suprême d'un Dieu sans voix et sans visage, et Proust, multipliant les applications du concept de *figura*, devient le théologien de son histoire personnelle. Réalisée dans la texture même de l'œuvre (c'est-à-dire dans son style et sa tonalité), la continuité de la *Recherche* se verra confirmée au niveau de l'histoire par le thème des rapports organiques qu'une Volonté établit entre les personnages et les épisodes.

Mais de toutes les raisons que l'on peut imaginer pour rendre compte de l'intérêt porté par Marcel Proust à une question qui ne concerne guère que les théologiens et les érudits, aucune n'aurait joué si la conjoncture n'y avait été favorable. Comme tous les écrivains de sa génération, Proust s'éveille à la littérature au moment où l'on invente le terme "symbolisme." Sans doute faut-il se garder de rattacher Proust à l'école de 1885 sans autre forme de procès. Contemporain de Gide, de Claudel, de Valéry, le jeune Proust n'a pourtant pas fréquenté la rue de Rome et il convient de se souvenir qu'il a eu pour l'obscurité des paroles sévères (67). Si le symbolisme est une conception de la poésie qui met l'incantation au-dessus de la signification, si l'école a réuni, selon la formule de Valéry, des poètes animés par le souci de reprendre à la musique leur bien, alors il est indéniable que Marcel Proust n'est pas un symboliste. Mais il se rattache à ce mouvement par un autre côté qui est précisément celui qui nous intéresse ici. Car le symbolisme, c'est aussi l'art de la signification graduellement révélée et, de ce point de vue, on n'hésitera pas à placer l'auteur de la *Recherche* dans le sillage de Baudelaire. Il est possible, pour un écrivain venu au monde quand "ce siècle avait deux ans," d'écrire *Notre-Dame de Paris* et de rester insensible aux prestiges de la conception typologique de l'histoire. C'est plus malaisément concevable pour le traducteur de *La Bible d'Amiens*, qui avait atteint sa majorité l'année même où Mallarmé avait fait, sur les différences qui séparent l'esthétique des "jeunes poètes" et celle des Parnassiens, les déclarations que l'on sait (68).

Proust était à ce point sensibilisé aux vertus du procédé de dévoilement graduel que nous le voyons commenter sur un ton hautement approbateur la conception ruskinienne de la composition: "Il passe d'une idée à l'autre sans aucun ordre apparent. Mais en réalité la fantaisie qui le mène suit ses affinités profondes qui lui imposent malgré lui une logique supérieure. Si bien qu'à la fin il se trouve avoir obéi à une sorte de plan secret qui, dévoilé à la fin, impose rétrospectivement à l'ensemble une sorte d'ordre et le fait apercevoir magnifiquement étagé jusqu'à cette apothéose finale": c'est en ces termes que le traducteur de *Sésame* met en évidence le rapport entre l'épigraphe et la dernière phrase de la première conférence. Approbation qui sera confirmée par la décision de faire se répondre le dernier chapitre du *Temps retrouvé* et l'ouverture de *Combray* (69). Mais si la pratique de Ruskin a pu servir d'exemple à Marcel Proust, c'est parce que que tous deux participaient d'une même tradition littéraire. Nous souscrivons à l'affirmation d'Adele King, qui écrit: "His essential aesthetic principles of finding correspondences between different kinds of experience is influenced both by nineteenth century symbolist doctrines and by traditional Christian modes of imagination in which every object in the world is a sign of the divine plan" (70). Mais sans le climat particulier dans lequel a grandi l'auteur de la *Recherche*, on peut être assuré que la conception théologique de l'histoire, telle qu'elle a été rendue familière à Proust à l'occasion de ses travaux ruskiniens, n'aurait jamais joué dans l'élaboration du chef-d'œuvre le rôle que nous avons tenté de mettre en lumière.

APPENDICES

Appendice I

RUSKIN SUR LE MOISE DE BOTTICELLI

Nous reproduisons ici les pages consacrées par Ruskin à Moïse dans la conférence sur Botticelli qui constitue le huitième chapitre de *The Aesthetic and Mathematic Schools of Art in Florence*, dans: *The Works of John Ruskin*, Library Edition (Londres, 1906), XXIII, 275-279. Les notes sont celles des éditeurs.

124. . . . He wrote the life of Moses the Shepherd (1): hero and deliverer, in his human loving-kindness and meekness. This is the hero of the Christian Greek. To Botticelli, Moses is the Christian knight, as much as the Christian lawgiver. The Florentine Christian is, however, a Greek; and to him quite one of the first conditions of his [Moses'] perfectness was in the being bred by the Princess of Egypt, learned in all wisdom, even of the world he had to leave. His Zipporah (2) is simply the Etruscan Athena, becoming queen of a household in Christian humility. Her spear is changed to a reed and becomes then her sceptre, cloven at the top into the outline of Florentine Fleur-de-Lys, and in the cleft she fastens her spindle. Her χιτών falls short of her feet, that it may not check her motion, and is lightly embroidered; above, the πέπλος unites with its own character that of the aegis. Where Athena's had the wars of the giants (3), it is embroidered with mystic letters, golden on blue, but it becomes the αἰγὶς θυσσανόεσσα (4) at its edge, where what are only light tassels in the πεπλος become this waving fringe, typical of sacrificial fire, for you know she is a priest's daughter; but when the peplus falls in Greek statues into its κόλπος, sinus,

gulph, or lap, the aegis is here replaced by a goatskin satchel, in which the maiden holds lightly with her left hand apples, here taking the character of the Etruscan Pomona, and oak for the strength of life (5). Her hair is precisely that of the Phidian Athena, only unhelmed, and with three leaves of myrtle in its wreaths.

125. You must remember in the soft trouble of her features that the shepherds had driven the maids away from the well before the Egyptian knight could defend them, that she has watched him stand against and conquer them, and that he is now watering her flock (6), she looking at the ground, not at him. Jethro is both priest and prince of Midian (7), and she is at once a priestess and a princess. Moses does obeisance to Jethro, when he himself is in the height of his power, and receives his chief lesson from him in the art of government. Aaron comes to eat bread with him, and Jethro, then first convinced of the power of the God of Israel, at once offers sacrifice to him in the presence of Aaron. And yet remember with this marriage of Zipporah, that of the very same idolatrous nation, came Cozbi, the daughter of the prince of Midian, slain in the day of the plague for Peor's sake by Phinehas, and the last command given to Moses is, "Avenge the children of Israel of the Midianites; afterward shalt thou be gathered unto thy people."

126. "I do not make void the law through Christ; God forbid" (8). It has been the habit of a certain school of ignorant Christians to oppose the Law to the Gospel. Not the Bible, but Milton's poem, on one side, and Bunyan's prose, on the other, formed the English Puritan mind. And Moses to them is always a judge, never a saviour. And Christ to them is always a Saviour, and never a Judge. Now it is quite true, of course, that Moses received from God and wrote a law, which people find it at first unpleasant to obey, and, at last and conclusively unpleasant, the consequence of not obeying. And they naturally think of Moses as a severe person. But the function of Moses is essentially a Saviour's, not a Judge's. He never judges, but always intercedes. He comes to deliver Israel first, as much as the angel came to St. Peter in prison (9); he would have led them to the Promised Land at last, but they would no more trust in him then than in Christ afterwards. "Had ye believed Moses ye would have believed me" (10). Again, Christ is indeed a Saviour of those who trust in Him; is it ever written that He is a Saviour of those who do not? Is the Last Judgment, which cast death and hell, and all who have covenanted in lies with either of them, into the lake of fire (11), a less terrible one than Korah's going down into his narrow pit (12)? And though he that despised Moses's law did indeed die without mercy under two or three witnesses (13), of how much worse punishment shall he be thought worthy who hath crucified the Son of God afresh (14)?

127. Now Sandro Botticelli was the only man among all the reformers of Europe who fully knew, first, the relation of Gentile to Jew, being himself a Greek of the Greeks, as St. Paul an Hebrew of the Hebrews (15), and, secondly, who knew the relations of the deliverance from earthly captivity by Moses, to the deliverance from spiritual captivity by Christ; who saw how the earthly Saviour was the precursor of the heavenly one. He also, shepherd of the flock, led them through the wilderness of the visible world: when they passed through the waters, he was with them; through the rivers, and they did not overflow; he fed them with the food of angels which they knew not, as Christ fed them with the Word of God which they knew not, neither did their fathers know; of the doctrines which they despised, of the law which they broke, he said even at last, "my doctrine shall drop as the rain, and my speech as the dew." And the whole difference between the pilgrimage of the Israel of old and the Israel now is that then the Tabernacle of God was with men, and now, if we will, the tabernacle of men with God, for ever and ever.

If, indeed, we take the law for our schoolmaster to bring us to Christ. There is still no other school in this world—not an unkindly one, mark you; it was for despising the kindness, not for fearing the terror, that the Israelite died without mercy. Their carcases fell in the wilderness, not for failing in the pilgrimage, but for refusing to go up and possess their land flowing with milk and honey. Of how much sorer punishment shall they be thought worthy, who have done despite unto the Spirit of Grace!

128. Despite to the Spirit. What think you we are doing to-day? Every Day of Rest, at least, we nominally receive the benediction: "The Grace of our Lord Jesus Christ, and the love of God, and the Fellowship of the Holy Spirit be with you" (16). Do we expect it to be with us in the days of business? Are we sure that, instead, the Disgrace of our Lord Jesus Christ, and the Hatred of Both God and man, and the Grief of the Holy Spirit do not abide with us?

Gentlemen, the philosophy of your day, you know well, is the denial of the Spirit of the Father; and the economy of the day is the denial of the Charity of the Son. I must leave you to discover for yourselves the end of such philosophy—and economy; but I tell you, at the Font of this Florentine Baptistery—centre of the Arts of the world—that no work of human hands was ever established, no joy of human souls ever completed, but in that truth and charity of the Invisible Spirit, which reward the obedience to the visible letter. For the law indeed came by Moses, never to pass away, though, to complete and to crown it, Grace and Truth came by Jesus Christ (17).

ÉMILE MALE ET LES ARTISTES THÉOLOGIENS
DU HAUT MOYEN AGE

Sans vouloir faire un sort au moindre texte d'Emile Mâle, il est peut-être intéressant de relever que l'édition originale et la deuxième édition de *L'Art religieux du XIIIème siècle* . . . contenaient un alinéa qui a pu montrer à Marcel Proust la continuité de la pensée théologique entre le monde des vitraillistes, enlumineurs et sculpteurs médiévaux et celui de Botticelli. Emile Mâle a renoncé à ce texte à un moment donné. A partir de quelle édition et pour quels motifs, nous l'ignorons, mais comme les proustiens qui liront l'ouvrage dans l'édition la plus répandue (c'est-à-dire la neuvième) ne l'auront jamais sous les yeux, nous le reproduisons ici, accompagné de ses notes, avec l'aimable autorisation des héritiers de l'historien.

Les artistes chrétiens eurent de bonne heure l'idée de choisir dans l'Ancien Testament un certain nombre de passages célèbres, que les commentateurs interprétaient comme des figures du Nouveau. Les représentations de ce genre remontent jusqu'aux Catacombes et jusqu'aux plus anciennes basiliques. Les artistes de l'école romane aimèrent également à opposer les deux Testaments pour l'instruction des fidèles. Bède le Vénérable, dans sa *Vie des saints abbés de Wiremuth*, raconte que Benoit Biscop était allé à

Rome demander des tableaux pour décorer les églises de ses monastères. Or, les tableaux qu'il rapporta étaient groupés de telle sorte qu'une scène de l'Ancien Testament était expliquée par une scène du Nouveau. Isaac portant le bois du sacrifice était en face de Jésus portant sa croix, et le serpent d'airain élevé par Moïse dans le désert faisait pendant à Jésus crucifié (1). On reconnaît les concordances familières aux interprètes de la Bible. Charlemagne, dans l'église de son palais d'Ingelheim, avait fait peindre douze scènes de l'Ancien Testament en opposition avec douze scènes du Nouveau (2). Il serait facile, pour les hautes époques, de multiplier les exemples (3). Les artistes du XIIIème siècle qui se complurent eux aussi, comme nous allons le voir, à opposer les deux Testaments, avaient donc derrière eux une longue tradition.

AR [1], pp. 189-90 et, avec deux variantes sans intérêt, *AR* [2], p. 171.

Appendice III

PROUST ET ISIDORE DE SÉVILLE

Les différentes versions du texte que nous reproduisons ici avec l'aimable permission de Madame Gérard Mante-Proust sont empruntées aux folios 16 v°, 17 r° et 17 v° d'un des carnets de Marcel Proust que nous appellerons avec Milly "l'homme au col blanc" (1). Proust avait d'abord prévu une phrase précédée de la mention "Capital" s'ouvrant par "Car les noms" ou "Car le nom." A "car" il a préféré "C'est ainsi que" et écrit: "C'est ainsi que le nom de mon amour nouvelle [sic] m'avait été fourni comme dans ces jeux de lettres en bois avec lesquelles on fait des phrases, par les let [début du mot *lettres*, raturé] quel [?]." Proust a raturé "mon amour nouvelle" et a substitué à ces mots "la femme que j'allais aimer maintenant." Se voyant empêtré à un moment donné, il a renoncé à tout ce qui vient après "C'est ainsi que" et repris sa phrase sur nouveaux frais, ce qui donne (16 v° et 17 r°):

C'est ainsi que les lettres du nom de la femme que j'allais aimer m'avait [sic] été fournies, comme dans ce jeu où on puise [?] dans un alphabet en bois, par la femme que j'aimais le plus avant [ces quatre derniers mots barrés] avais tant aimée. Ainsi notre [ces deux mots barrés] Une chaîne circule à travers notre vie, reliant ce qui est déjà mort à ce qui est en pleine vie, a [cette lettre barrée] amorçant dans le pré [début du mot "présent"; ces quatre derniers mots ont été barrés] inscrivant avec le présent les caractè [inachevé pour "caractères"]

Tout ce texte, depuis "C'est ainsi que les lettres du nom de la femme" a ensuite été barré d'une grande croix. Au bas du folio 17 r°, Proust a recommencé:

C'est ainsi que les lettres du nom qui m'était si cher (2) m'avaient d'abord été matériellement données [ce mot barré] montrées comme dans le jeu appelé Alphabet où on on [sic]dispose des lettres en bois par la jeune fille que j [ces deux mots barrés] que j'aimais alors et sans que je pusse prévoir que ce nom que j'avais retenu pût [?] jamais m'être cher. Mais le présent inscrit ainsi devant nous des noms [ce mot barré]mots dont nous ne comprendrons [ces deux mots barrés] ne saurons que plus tard ce que notre avenir en fera. Et une chaîne circule à travers toute notre existence reliant ce qui est déjà mort à ce qui est en pleine vie (3).

Il y a donc, entre les noms des deux femmes aimées par le *Je* une relation d'un ordre particulier. L'amour éprouvé pour l'une n'est pas *la cause* de l'amour éprouvé pour l'autre. Il l'annonce en vertu d'un plan mystérieux que l'intéressé comprend après coup. Nous avons affaire à une espèce de message ("le présent inscrit devant nous des mots" et "les lettres m'avaient été fournies") émanant d'une instance mystérieuse, qui est le sens de l'histoire, et—tout comme dans les prophéties phénoménales de l'Ancien Testament—destiné à rester provisoirement incompris. Ici encore, il se peut que ce soit l'ouvrage d'Emile Mâle qui a fourni au romancier les deux images essentielles de ce développement. Marcel Proust avait en effet dû lire, et peut-être s'était-il rappelé, les deux alinéas consacrés à Isidore de Séville dans *L'Art religieux du XIIIème siècle*. L'auteur des *Allegoriae quaedam Scripturae Sacrae* énumère, dit Emile Mâle, "les principaux personnages de l'Ecriture en indiquant brièvement, d'après les Pères, dans quel sens chacun d'eux figure le Messie. Adam, Abraham, Moïse apparaissent comme des signes sacrés. Tous les patriarches, tous les héros, tous les prophètes deviennent *les lettres d'un alphabet* mystérieux, avec lesquelles Dieu écrit dans l'histoire le nom de Jésus-Christ" (4). Et des *Quaestiones in Vetus Testamentum* du même Isidore, Mâle avait dit qu'elles sont "un des anneaux essentiels de l'immense *chaîne* de la tradition catholique" (5).

Quels sont ces deux noms mystérieusement apparentés? Gilberte et Albertine, de toute évidence. Ne retrouve-t-on pas dans le prénom de la prisonnière presque toutes les lettres de "Gilberte"? Michel Butor avait déjà noté la ressemblance et il avait émis une hypothèse-boutade sur l'idée de *libertinage* que l'anagramme des deux prénoms conjoints semble suggérer (6).

Le texte que nous transcrivons est d'ailleurs précédé de la note suivante: "Pour Mlle Bouqueteau je préfère que la chaîne aille de Gilberte à Albertine" et nous lirons dans le roman publié cet écho—affaibli, il faut bien le dire—de la réflexion inspirée d'Isidore de Séville laquelle, semble-t-il, n'a pas en tant que telle trouvé sa place dans le texte de la *Recherche*:

Ainsi mon amour pour Albertine, tant qu'il en différât [construction elliptique avec le sens de *si différent qu'il en fût* d'après Clarac et Ferré] était déjà inscrit dans mon amour pour Gilberte, au milieu des jours heureux duquel j'avais entendu pour la première fois prononcer le nom et faire le portrait d'Albertine par sa tante, sans me douter que ce germe insignifiant se développerait et s'étendrait un jour sur toute ma vie. (III, 904) (7)

Notons toutefois que, quelles que soient les affinités entre le prénom de la fille de Swann et celui de la nièce de Mme Bontemps, rien ne prouve que ce soit en fonction du thème de l'alphabet qu'ils ont été choisis. Si l'on s'en tient en effet au seul document que nous examinons ici, il semble bien que la décision de rattacher "Albertine" à "Gilberte" soit postérieure à la mise en jeu de ce thème. La note "je préfère que la chaîne aille de Gilberte à Albertine" est en effet la forme finale prise à la fin d'une délibération qui laissait Proust hésitant sur le point de savoir d'où partirait et où aboutirait la chaîne. Il avait d'abord écrit: "Pour Mlle Bouqueteau (8) ou bien pour Mlle [mot barré] la f. de ch. de Mme Putbus (selon que je préférerai que la chaîne aille de Gilberte à Mlle Bouqueteau ou bien d'Albertine à la femme de chambre de Mme Putbus, je dirai." De cette phrase, Marcel Proust a raturé depuis "ou bien pour Mlle . . ." jusqu'à et y compris "préférerai," sacrifiant en outre par inadvertance les deux dernières syllabes du nom "Bouqueteau." Au dessus de "que la chaîne" il a écrit "je préfère"; ensuite il a barré depuis le deuxième "Mlle Bouqueteau" jusqu'à la fin, écrivant "Albertine" en remplacement de "Mlle Bouqueteau," ce qui donne: "Pour Mlle Bou [queteau] je préfère que la chaîne aille de

Gilberte à Albertine." Cette note porte manifestement sur le développement que nous avons transcrit dans ses trois versions, puisqu'elle annonce le thème de la chaîne.

Appendice IV

MARCEL PROUST, L'ÉGLISE SAINT-LOUP-DE-NAUD ET L'ABBÉ LOUIS NAPPE

On sait que l'intérêt de Marcel Proust ne s'est pas seulement porté sur les églises normandes, mais que les monuments de la région de Provins et en particulier l'église de Saint-Loup-de-Naud ont retenu son attention. Deux raisons nous ont incité à nous demander ce que cette église avait pu signifier aux yeux de l'écrivain: d'abord l'importance du rôle que joue dans la statuaire de Saint-Loup le thème de la concordance entre les deux Testaments (1); ensuite le fait que Proust aurait eu communication d'une étude érudite consacrée à cette église. Nous nous sommes en conséquence livré à une enquête minutieuse sur ce point. Disons tout de suite que nous sommes en mesure de répondre par la négative à la question de savoir si Saint-Loup est une des églises ayant inspiré le romancier des rapports typologiques. Mais, comme on va le voir, les questions soulevées en cours de route remettent en cause des affirmations que personne jusqu'ici n'avait contestées; elles jettent également, de façon incidente, un jour sur d'autres problèmes; aussi nous permettra-t-on de reprendre le dossier à partir de ses premiers éléments et de l'exposer avec ses tenants et ses aboutissants.

C'est Marie Nordlinger qui a éveillé l'intérêt de Marcel Proust pour Saint-Loup-de-Naud. Elle s'était vu elle-même recommander une visite dans ce village de la Brie par Marcel Bing, fils du propriétaire des ateliers de l'Art Nouveau dans lesquels elle était entrée en 1902 (2). La même année, peut-être dès le mois de février ("early in 1902") voit la jeune Anglaise se rendre à Saint-Loup où, dit-elle, le curé de la paroisse, l'abbé Nappe, lui prête ce qu'elle appelle "his lengthy treatise on the history of his church and its sculptural analogy with Chartres," texte qu'elle s'empresse de passer à Marcel Proust, de sorte que ce dernier, toujours d'après Marie Nordlinger, se trouva bien préparé quand il visita lui-même l'église avec les Bibesco (3). De la randonnée faite par l'écrivain, qui daterait du 21 mars 1902, il est fait état à titre de projet dans la correspondance: "Première hypothèse. Nous allons en auto ouvert et fermé. Vendredi à Provins, Saint-Loup, Dammarie [sic dans le texte imprimé pour: Donnemarie-en-Montois]..." (4).

Nous commencerons par nous demander qui était l'abbé Nappe. Né le 14 avril 1877 au Tremblay, commune de Marchais-en-Brie (Aisne), Louis Nappe fut ordonné prêtre le 24 juin 1902 et installé curé de Saint-Loup-de-Naud le 1er septembre de la même année. Il y resta quatre ans et il quitta cette paroisse pour celle de Salins près de Montereau le 6 août 1906; c'est dans ce village qu'il devait mourir le 1er novembre 1939. Il est inhumé à Marchais-en-Brie (5).

On voudrait évidemment pouvoir consulter l'étude que l'ecclésiastique a prêtée à Marie Nordlinger. Malheureusement, ce que Painter, suivant le témoignage de la jeune fille, appelle "treatise" et "the Abbé's book" (6) n'est connu d'aucun spécialiste en histoire de l'art. Tous les efforts que nous avons faits pour mettre la main sur un ouvrage signé Nappe sont restés vains; aussi avons-nous acquis la conviction que ce texte, si texte il y a eu, n'a jamais été confié à un imprimeur.

Si texte il y a eu: car il n'y a aucune trace de ce manuscrit: il ne se trouve ni à la bibliothèque Municipale de Provins, ni à la bibliothèque d'histoire locale du Grand Séminaire de Meaux; Monsieur Queguiner, directeur des Services d'Archives de Seine-et-Marne assure qu'il n'a rien dans son dépôt et il n'y en a aucune trace non plus dans les archives de la ville de Chartres. Enfin rien qui, de près ou de loin, ressemble à un texte n'a été

oublié dans les papiers de l'abbé Nappe au presbytère de Salins
où il est mort (7). D'autre part, les données chronologiques que
nous avons réunies s'accordent si malaisément avec les déclarations de Marie Nordlinger que nous allons être amené à revoir ce
chapitre de la biographie de Marcel Proust. L'amie de Proust
prétend en effet avoir fait la connaissance de l'abbé Nappe *au
début* de 1902. Comment la chose aurait-elle été possible puisque, ordonné prêtre en juin, l'abbé Nappe terminait à ce moment ses études au Grand Séminaire de Meaux? Le récit de
Marie Nordlinger est d'autant plus sujet à caution que les pages
du journal datées de 1903 et publiées dans le *Bulletin de la
Société des Amis de Marcel Proust* ne font pas état de l'existence du "treatise," ni même de son auteur. C'est dans un article
daté de 1955, écrit pour le catalogue de l'exposition à la Wildenstein Gallery (et dont rien n'indique qu'il soit basé sur des
notes contemporaines) qu'il en est fait mention pour la première
—et l'unique—fois. Or ce témoignage contient un anachronisme
flagrant: n'y voyons-nous pas Marie Nordlinger évoquer les
visites qu'elle aurait rendues à Proust au Boulevard Malesherbes
à une époque où la famille avait quitté cet appartement pour
celui de la rue de Courcelles (8)? Ce détail montre à l'évidence
que si le témoin est de bonne foi, il est trahi par sa mémoire et,
la prudence incitant à prêter créance aux documents officiels
relatifs à la carrière de l'ecclésiastique plutôt qu'aux souvenirs
de l'amie de Proust, nous situerons après 1902 si non la visite de
Marie Nordlinger à Saint-Loup-de-Naud, du moins le moment
où le prêtre communique à la jeune touriste le mystérieux document.

Mais ceci change tout quant à l'existence du "treatise." Car il
se trouve que la Société française d'Archéologie a tenu ses assises
à Troyes du 24 au 29 juin et à Provins du 30 juin au 2 juillet
1902. Tout ce que la région comptait en fait d'amateurs éclairés
s'était réuni, et quelques personnes s'étaient même vu décerner
des distinctions destinées à récompenser des services rendus à la
cause de l'étude et de la conservation des monuments. Belle
occasion pour l'abbé Nappe de se manifester et de sortir de
l'anonymat! Or son nom ne figure pas (et il ne figurera pas non
plus les années suivantes) sur le registre de la dite Société, ni sur

la liste des congressistes, parmi lesquels on relève pourtant la présence de plusieurs simples curés de paroisse (9). Cette absence donne à penser que l'intérêt de l'abbé pour l'église de sa future paroisse et ses connaissances en matière d'histoire de l'art ne sont pas tels qu'il eût composé sur Saint-Loup-de-Naud un texte de son cru. Après tout, à condition de faire la part d'un certain laxisme dans l'expression, "his lengthy treatise" pourrait désigner un ouvrage que le prêtre a eu en sa possession sans qu'il en soit l'auteur. Or il se trouve également que les actes du congrès de 1902 contiennent un "Guide archéologique" dont la "Sixième excursion" est consacrée à Saint-Loup-de-Naud (10). Ce n'était pas la première fois qu'on s'intéressait à ce vénérable édifice. En 1844, le curé avait attiré l'attention de Mérimée sur l'état inquiétant de l'église; en 1867, le *Bulletin de la Société d'Archéologie de Seine-et-Marne* avait publié une "Visite à Saint-Loup-de-Naud" signée G. Leroy; en 1872, au cours de travaux entrepris sous la surveillance de la Commission des Monuments Historiques, des fresques précieuses pour l'histoire de la peinture romane avaient été mises au jour, pour être aussitôt sacrifiées d'ailleurs, après qu'elles eurent été relevées sur calques; enfin un curé de la paroisse du nom de Lemoine avait aussi, à une époque qui semble antérieure à celle où nous voyons l'abbé Nappe venir occuper le presbytère de Saint-Loup, relevé le dessin sur quelques pierres tombales (11). Bref, au moment où le jeune prêtre vient prendre possession de sa charge en septembre 1902, le dossier "Saint-Loup-de-Naud" est passablement fourni et il se pourrait que le curé ait ainsi à sa disposition des documents qu'il lui est loisible de prêter à quelque visiteur intéressé. Mais il y a plus vraisemblable. Revenons aux actes du congrès. Outre le "Guide archéologique," le volume contient quinze mémoires dont le douzième, intitulé "Le Portail de Saint-Ayoul de Provins et l'iconographie des portails du XIIème siècle" mérite examen (12). L'auteur, Gabriel Fleury, se livre à une étude comparative de divers portails afin de les compléter l'un par l'autre et de rétablir ainsi avec certitude les parties qu'ils ont perdues, par des mutilations, à diverses époques. Il s'agit de: Saint-Lazare d'Avallon, Saint-Ayoul de Provins, Notre-Dame d'Etampes, le portail occidental de Chartres et le portail occidental de Saint-Maurice d'Angers dans leur état actuel, ainsi que quatre portails pourvus d'un porche: Saint-Loup-de-Naud, les portails septentrional et méridional de Bourges et le portail méridional de la cathédrale du Mans. Etant donné que Gabriel Fleury, archéologue patenté, donne comme originales les observations sur les affinités entre les différents porches qu'il présente au congrès de 1902, il est difficilement concevable qu'un jeune amateur de vingt-cinq ans, comme l'était à l'époque l'abbé Nappe, ait pu écrire un long et savant traité sur une église avec laquelle il allait ou venait de prendre contact. En revanche, on peut être assuré que, installé curé de Saint-Loup, le prêtre s'est procuré un exemplaire de ce *Congrès archéologique*, dès sa parution en 1903; peut-être même l'a-t-il reçu à titre gracieux. Et on sera fondé à supposer que le volume de 541 pages contenant, entre autres choses sans intérêt pour notre propos, la "Sixième excursion" du "Guide archéologique" ainsi que le mémoire de Fleury est ce à quoi songe Marie Nordlinger quand elle évoque un long traité sur l'histoire de l'église et les affinités entre la sculpture de cet édifice et celle de Chartres. Mais le lecteur de ces textes sera déçu s'il escompte y trouver une source de quelque importance pour le roman de Proust: la curiosité de ces archéologues pour les fondements théologiques du programme iconographique de l'église ne va pas très loin. C'est à peine si Fleury écrit: "Les figurines qui ornent les voussures [des différents portails] se divisent en trois catégories: les anges, les vieillards de l'Apocalypse et les scènes variées tirées de l'Ancien et du Nouveau Testament ainsi que des vies des saints ou des légendes locales" (13).

Résumons-nous: Marie Nordlinger n'a presque certainement pu faire la connaissance de l'abbé Nappe au début de 1902, comme elle l'affirme dans l'article de 1955. De même que les visites chez Proust au Boulevard Malesherbes sont de 1900 au plus tard, la rencontre avec le curé doit être datée *au plus tôt de l'automne* 1902. En tout état de cause, celui-ci n'est pas l'auteur du "treatise" qui a été prêté à Marcel Proust. Le texte dont il s'agit est en toute probabilité celui du recueil des actes du congrès de 1902, publié en 1903, et ce volume n'ajoute absolument rien aux connaissances puisées par Marcel Proust dans

L'Art religieux du XIIIème siècle, en tout cas en ce qui concerne la conception typologique de l'histoire. En revanche, le romancier a pu avoir connaissance (directement ou indirectement, car il ne faut jamais oublier la part des entretiens que le romancier a eus avec Emile Mâle) des recherches du vicomte de Truchis sur les influences orientales dans l'architecture de la Bourgogne qui ont été publiées en 1908; ce serait peut-être une source des développements sur l'église à moitié persane de Balbec.

Appendice V

LA SÉRIE DE PLAQUES DE PROJECTION LUMINEUSE

Les plaques de projection lumineuse auxquelles le romancier fait allusion sont devenues très rares. En 1959, François Mauriac évoquait comme un objet très ancien ces projections qu'avait connues son enfance (1). On n'en voyait plus guère après 1910 (2). De "Geneviève de Brabant," nous n'avons jamai eu entre les mains que deux séries, malgré des recherches poursuivies pendant plusieurs années. L'une de ces séries (incomplète d'ailleurs) se trouve dans la Maison de Tante Léonie à Illiers-Combray; de l'autre, qui nous appartient, nous reproduisons ici quatre plaques (voir Planches I et II).

La série d'Illiers comptait six plaques comportant chacune deux épisodes. Il n'en subsiste que quatre. Au témoignage de Monsieur Larcher, il s'agit d'un article apporté sous le toit de la tante Léonie alors que la maison était déjà convertie en musée, et non de l'exemplaire qui a pu être manipulé par des oncles et des tantes du petit Marcel Proust. Voici la liste des épisodes de cette série:

1. Jeunesse de Geneviève de Brabant.
2. Geneviève epouse [*sic*] le seigneur Siffroy (3).
3. et 4. *Cette plaque manque.*
5. Golo intendant du comte se jette aux genoux de Geneviève et lui déclare son amour.

6. Golo fait mettre en prison Genevieve [*sic*] qui donne le jour là [?] à un un [*sic*] fils dans son cachot.

7. et 8. *Cette plaque manque.*

9. Geneviève apprivoise une biche qui sert de nourrice a [*sic*] son enfant.

10. Siffroy en poursuivant une biche retrouve Geneviève au fond d'une grotte et reconnaît son innocence.

11. Siffroy ramène Geneviève dans son palais.

12. Mort de Geneviève. Siffroy est dans une grande douleur.

Les numéros 5-6, 11-12 sont reproduits dans l'*Album Proust*: Iconographie réunie et commentée par Pierre Clarac et André Ferré (Paris: Gallimard, Bibliothèque de la Pléiade, [1965]), pp. 32 et 33.

Quant à la série que nous possédons, elle compte aussi six plaques, mais trois de ces plaques ne comportant qu'un épisode, il n'y a donc que neuf numéros:

1. Mariage de Geneviève avec le comte Sifroy (3), seigneur palatin.

2. Départ du comte Sifroy pour la guerre.

3. Golo, intendant du comte, déclare son amour à Geneviève.

4. Golo fait jeter Geneviève en prison.

5. Golo va à Strasbourg trouver le comte et calomnie Geneviève. Le comte, indigné, la condanne [*sic*] à mort.

6. Les serviteurs, chargés de mettre à mort Geneviève, lui laissent la vie.

7. Geneviève dans la forêt.

8. Reconnaissance de Geneviève et son fils par le comte Sifroy son époux.

9. Innocence de Geneviève proclamée par Sifroy, et son retour au château de son époux.

Pourquoi se le dissimuler? L'intérêt de ces documents est assez mince. Quel rapport peut-il y avoir entre le souvenir que consulte un quadragénaire et les jouets qui ont amusé (ou inquiété) son enfance? L'imagination du créateur a évidemment pris le dessus sur la mémoire de l'homme. Ce n'est d'ailleurs pas la seule raison pour laquelle il serait naïf de prétendre utiliser ces plaques comme "sources," de la façon dont on consulterait un livre susceptible d'avoir inspiré l'écrivain. Les différences entre les deux séries en témoignent: chaque "exemplaire" est peut-être une "édition" différente, voire un "texte" nouveau. Le nombre des versions qui furent mises en circulation doit être considérable (vingt-cinq peut-être, d'après Monsieur Labarre, antiquaire spécialisé dans ce genre d'articles et qui, le premier, a attiré l'attention des proustiens sur ces plaques) et—sauf pour les décalcomanies, obtenues par un procédé de reproduction—la fantaisie des artistes a pu se donner libre cours sur chaque plaque.

On aura d'ailleurs noté que ni l'une ni l'autre des séries que nous connaissons ne concorde avec la description donnée par le Narrateur: Golo ne s'avance pas vers le château de Geneviève de Brabant; l'héroïne ne rêve pas sur une lande. De plus, les vues sont rectangulaires, alors que, d'après le texte du roman, le château était "coupé selon une ligne courbe qui n'était autre que la limite d'un des ovales de verre ménagés dans le châssis . . ." (I, 9). S'il est probable que Proust a réinventé les couleurs et les détails des épisodes, le souvenir de la ligne ovale est certainement authentique. Il y a effectivement eu des plaques avec vues rondes et c'est ce dont se souvient l'auteur.

ICONOGRAPHIE

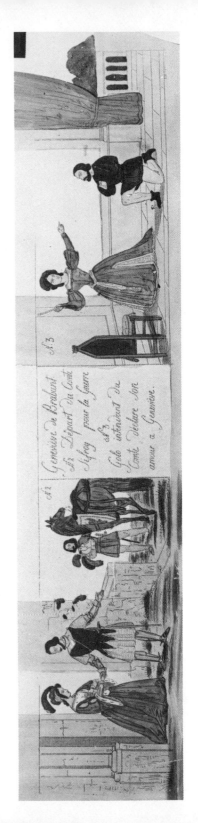

Planche I. *Geneviève de Brabant*. No. 1, 2 et 3 (Documentation Labarre)

Planche II. *Geneviève de Brabant*. No. 4, 5 et 6 (Documentation Labarre)

Planche III. *Daniel recevant dans la fosse aux lions le panier que lui apporte Habakuk.*
Détail d'une voussure du portail latéral gauche de la façade occidentale de la cathédrale de Laon.
(Cliché C.N.M.H. Archives Photographiques. Paris) Voir notre commentaire p. 14.

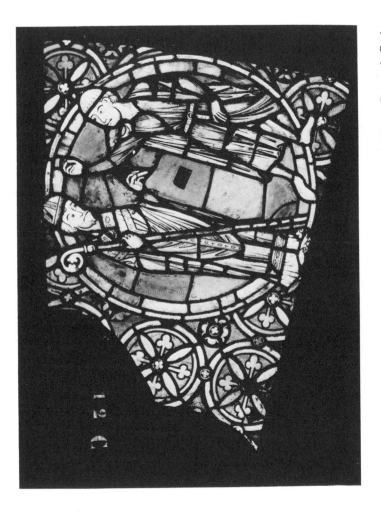

Planche IV. *Médaillon représentant la Rébellion.* Rose Ouest de Notre-Dame de Paris
(Cliché C.N.M.H. Archives Photographiques. Paris) Voir notre commentaire pp. 26 et 27 et note 37.

NOTES

PRÉFIGURATION ET STRUCTURE ROMANESQUE

1. Cité par Louis de Robert dans *Comment débuta Marcel Proust* (Paris: Nouvelle Revue Française, 1925), p. 16.

2. "A propos du style de Flaubert," *La Nouvelle Revue Française*, 1er janvier, 1920, p. 89.

3. a) Sur la structure architectonique, voir Albert Feuillerat, *Comment Marcel Proust a composé son roman* (New Haven: Yale University Press, 1934), qui rappelle les affirmations de Proust touchant les titres auxquels il avait à un certain moment pensé pour les parties de son roman (porche, abside, etc.). A ce témoignage on ajoutera la remarque du romancier à Henri Ghéon au sujet du rapport entre la scène de sadisme à Montjouvain et la fin de *Sodome et Gomorrhe*, ainsi que la déclaration recueillie par Henri Malherbe, dans "L'Avenir du roman," *Problèmes du roman*, édité par Jean Prévost, numéro spécial de *Confluences* 21-22, 396. Les vues qui peuvent s'appuyer sur la comparaison entre le roman et une cathédrale ont été reprises et développées par Adele King dans *Proust* (Edinburgh et Londres: Oliver and Boyd, Collection "Writers and Critics," 1968), pp. 79 et 82.

b) Sur la structure musicale, voir un article ancien, injustement oublié, de John Bovey, "The Orthodoxy of Marcel Proust," *The Harvard Advocate*, 128, No. 4 (avril 1942), 36-44; Georges Piroué, *Proust et la musique du devenir* (Paris: Denoël, 1960); John Kneller, "The Musical Structure of Proust's *Un Amour de Swann*," *Yale French Studies*, 2, No. 2 (1949), 55-62; Armand Pierhal, "Sur la composition wagnérienne de l'œuvre de Proust," *Bibliothèque Universelle et Revue de Genève*, juin 1929, pp. 710-19; Pierre Costil, "La Construction musicale de *A la recherche du temps perdu*," *BSAMP*, 1, No. 8 (1958), 469-89, et 2, No. 9 (1959), 83-110 et Matila Ghyka, "Vision analogique et composition symphonique chez Mallarmé et chez Marcel Proust," *La France Libre* (Londres), 16 mars 1942, pp. 386-90; enfin J.M. Cocking, dans "Proust and Music," *Essays in French Literature*, No. 4 (nov. 1967), pp. 13-29, qui émet l'hypothèse que Proust aurait lu le livre de Vincent d'Indy sur César Franck et qu'il se serait inspiré des commentaires que cet ouvrage donne du quatuor pour organiser son roman. Plus récemment, Georges Matoré et Irène Mecz ont consacré un gros volume à cette question sous le titre: *Musique et structure romanesque dans la "Recherche du temps perdu"* (Paris: Klincksieck, 1972).

c) Sur la structure "mallarméenne": John Bovey et Matila Ghyka (articles cités sous b).

d) Pour la structure onirique, on se reportera à William S. Bell, *Proust's Nocturnal Muse* (New York et Londres: Columbia University Press, 1962).

e) Sur la structure pré-formiste, voir Jean Rousset, "Notes sur la structure d'*A la recherche du temps perdu*," *Revue des Sciences Humaines*, No. 79 (juil.-sept. 1955), pp. 387-99. Cet essai est repris sous une forme amendée dans *Forme et signification. Essais sur les structures littéraires de Corneille à Claudel* (Paris: José Corti, 1962) avec une étude intitulée "Les Livres de chevet des personnages proustiens," qui avait d'abord paru dans *Studi in onore di V. Lugli e D. Valeri* (Venise, 1961), II, 835-43. Les "Notes sur la structure . . ." ont été reproduites dans Jacques Bersani, *Les Critiques de notre temps et Proust* (Paris: Garnier, Collection "Les Critiques de notre temps," 1971), pp. 99-116 et "Les Livres de chevet" dans Jean-Yves Tadié, *Lectures de Proust* (Paris: Armand Colin, 1971), pp. 216-29.

f) L'expression "structure arborescente" est de Michel Zéraffa dans "Thèmes psychologiques et structures romanesques dans l'œuvre de Marcel Proust," *Journal de Psychologie Normale et Pathologique*, 58ème année, No. 2 (avril 1961), pp. 193-216, qui trouve aussi la construction romanesque du *Temps perdu* "assez semblable à celle d'un discours: il y a une introduction, des développements, une conclusion" (pp. 205 et 194 respectivement). Zéraffa a depuis publié sa thèse sous le titre *Personne et personnage, le romanesque des années 1920 aux années 1950* (Paris: Klincksieck, 1969).

g) Sur la structure dialectique, voir Reinhard Kuhn, "Proust and Sartre: The Heritage of Romanticism," *Symposium*, 18, No. 4 (1964), 293-306.

h) L'expression "structure ondulatoire et granulaire, donc einsteinienne" est de Cattaui, article cité à la fin de cette note. Sur le problème des rapports (influence? affinités?) entre la vision du monde du physicien et celle du romancier, voir l'article très documenté et nuancé de John D. Erickson intitulé "The Proust-Einstein Relation: A Study in Relative Point of View," dans *Marcel Proust. A Critical Panorama*, ed. Larkin P. Price (Urbana: University of Illinois Press, 1973), pp. 247-76.

i) Une bibliographie des écrits sur la structure de la *Recherche* serait incomplète s'il n'était fait mention des trois articles publiés par Vigneron sous le titre commun "Structure de *Swann*" (où "*Swann*," conformément à l'usage de Marcel Proust dans sa correspondance, désigne l'ensemble de la *Recherche*): "Structure de *Swann*: prétentions et défaillances," *Modern Philology*, 44 (nov. 1946), 102-28 est consacré aux remaniements et aux amputations considérables que Proust a dû faire subir au troisième volet de *Du côté de chez Swann* (version de 1912) pour le publier dans le même volume que *Combray* et *Un Amour de Swann*; "Structure de *Swann*: Combray ou le cercle parfait," *Modern Philology*, 45 (1948), 185-207 insiste sur le côté "roman bien construit" de *Combray* et de la *Recherche* en général; mais c'est le premier en date des trois articles: "Structure de *Swann*: Balzac, Wagner et Proust," *French Review*, 19 (mai 1946), 370-84 qui nous intéresse particulièrement dans la mesure où il porte sur l'idée d'unité rétrospectivement imposée à des fragments ou à des ouvrages divers. Dans le même ordre d'idées, il importe de lire la communication de Philip Kolb, "Proust et Ruskin: nouvelles perspectives," *Cahiers de l'Association*

Internationale des Etudes Françaises, No. 12 (juin 1960), pp. 259-73.

j) On ne manquera pas d'ajouter à ces études l'excellent article de René de Chantal, "Proust et *Phèdre*," *Etudes Françaises*, 1ère année, No. 2 (juin 1965), pp. 87-114, qui montre le rôle de la tragédie racinienne dans la composition du roman. Enfin citons pour mémoire L. de Beauchamp, "Des atavismes reposaient sur son visage," *Revue de Paris*, Octobre 1966, pp. 94-95, qui propose, sans convaincre, de voir dans le dessein général de la *Recherche*, qui serait la victoire du *soi* (ou vrai moi) sur le *moi* (ou moi négatif), un emprunt au système "psycho-stellaire" de Léon Daudet et à ses hérédismes.

Pour tout ce qui touche à la structure de la *Recherche*, on pourra consulter Georges Cattaui, "L'Oeuvre de Proust, son architecture, son orchestration, sa symbolique," *Critique*, No. 130 (mars 1958), pp. 196-213 et surtout Michel Raimond, "Les Débats sur la composition de *A la recherche du temps perdu*," dans *La Crise du roman du naturalisme aux années vingt* (Paris, 1966), pp. 405-08. Il existe aussi une thèse en japonais de K. Inoue intitulée *La Structure de l'œuvre de Marcel Proust* dont une brève note de la *RHLF* fait état (63ème année, juil.-sept. 1963, 508-09).

4. "A propos du style de Flaubert," p. 89.

5. *Histoire du roman français depuis 1918* (Paris: Editions du Seuil, 1950), pp. 171-72. Nous omettons une partie du texte qui nous paraît appeler des réserves que nous formulons plus bas. (Voir p. 27). On trouve des remarques semblables chez Ramon Fernandez, *A la gloire de Proust* (Paris: Nouvelle Revue Critique, 1943), p. 129: "Swann s'arrête sur le seuil de la révélation" et chez Georges Cattaui, *op. cit.*, p. 199: *"Du côté de chez Swann* . . . est une espèce de préfiguration, d'Ancien Testament, puisque les rapports de Marcel et d'Albertine seront la répétition, le recommencement des amours et de la jalousie que connurent Charles Swann et Odette de Crécy." Plus récemment, Gérard Genette a montré comment certains éléments de la *Recherche* s'expliquent par la référence aux mythes judéo-chrétiens: "Proust palimpseste," *Figures* (Paris: Le Seuil, 1966), p. 65.

6. Pour les détails, nous renvoyons à Philip Kolb, "Proust et Ruskin: nouvelles perspectives," pp. 259-73, où l'on trouvera l'essentiel de la question. L'évolution de Proust entre 1900 et 1909 a évidemment excité la curiosité de nombreux érudits. Le premier à s'être interrogé sur l'influence de Ruskin est Henri Lemaître dans *Proust et Ruskin* in: *Pyrénées. Cahiers de la pensée française* (Toulouse: Privat-Didier), 4ème année, No. 16 (janvier-février 1944), pp. 310-97. Signalons que cette publication ne se trouve pas à la Bibliothèque Nationale. Un témoignage de Mme Riefstahl-Nordlinger, selon laquelle Proust n'aurait jamais lu *Praeterita* contrairement à ce qui avait été supposé, ainsi que la mise au jour du roman inédit antérieur à 1900, ont amené Lemaître à nuancer sa thèse avec "De *Jean Santeuil* à la *Recherche du temps perdu*: la médiation ruskinienne," *Bulletin de la Société des Amis de Marcel Proust*, No. 4 (1953), pp. 58-71 et à invoquer une "harmonie pré-établie" entre les deux écrivains. Réduite, la part de l'influence ne serait pourtant pas niable: elle aurait joué dans le sens de "la découverte de soi" par Proust et—ce qui nous rapproche de nos propres conclusions—elle lui aurait permis de reconnaître les "multiples liens par lesquels se réorganiseront secrètement les expériences observées et transposées fragmentairement dans *Jean Santeuil*" (p. 59). Les recherches de Lemaître ont été éclipsées par celles de Jean Autret, auteur de *L'Influence de Ruskin sur la vie, les idées et l'œuvre de Marcel Proust* (Genève: Droz, 1955).

Outre certains des travaux signalés dans la note 3, dans lesquels les problèmes de genèse sont parfois envisagés conjointement avec les problèmes de structure, on consultera aussi: 1) Henri Bonnet, *Le Progrès spirituel dans l'œuvre de Marcel Proust* (Paris: Vrin, 1949), II, 169-74, qui donne des détails précieux sur les rapports Proust-Ruskin, et 2) *Marcel Proust de 1907 à 1914*. Edition nouvelle, augmentée et corrigée, avec une bibliographie générale (Paris: Nizet, 1971); 3) Tsutomu Iawasaki, "Marcel Proust et l'Italie," *Etudes de Langue et de Littérature Françaises* (mars 1964), pp. 78-92; 4) Hans-Robert Jauss, "Proust auf der Suche nach seiner Konzeption des Romans," *Romanische Forschungen*, 66 Band, 3/4 Heft (1955), 255-304. Jauss caractérise comme suit les trois étapes de l'évolution qui conduit le romancier des écrits de jeunesse au chef-d'œuvre: a) abîme qui sépare le réel de l'imaginaire (de *La Revue Lilas* aux *Plaisirs et les jours*); b) réalité du beau et approfondissement de la poésie de la mémoire (de *Jean Santeuil* à Ruskin); c) renonciation au réalisme et conception du roman du temps perdu et du temps retrouvé; sur les rapports Proust-Ruskin, voir pp. 278 et ss. 5) Georges D. Painter, *Marcel Proust. A Biography* (Londres: Chatto and Windus, 1959 et 1965) qui donne une synthèse lisible mais parfois désinvolte de données empruntées à un grand nombre de sources.

7. Marcel Proust, *Lettres à une amie* (Manchester: Editions du Calame, 1942), pp. 5 et 6.

8. P. Kolb, "Proust et Ruskin . . .," p. 268.

9. Robert de Billy, *Marcel Proust. Lettres et conversations* (Paris: Editions des Portiques, 1930), pp. 111-14, qui reproduit ensuite une lettre envoyée de Cabourg à Emile Mâle et datée par Philip Kolb du 8 août 1907, dans laquelle l'écrivain souhaite savoir ce qu'il y a "de plus intéressant à voir en Normandie"; il dit ne pas se placer exclusivement au point de vue des cathédrales ni même des monuments mais précise: "si j'ai dit que je ne me limitais pas aux églises, renouvelées par votre parole, elles m'enchanteront." (Nous ajoutons une virgule entre "églises" et "renouvelées" sans laquelle le texte imprimé par Robert de Billy est malaisément compréhensible.) Pour la date, voir Philip Kolb, *La Correspondance de Marcel Proust* (Urbana: University of Illinois Press, 1949), p. 258. "La Dette de Marcel Proust envers Emile Mâle" est l'intitulé d'un article publié par Jean Autret dans la *Gazette de Beaux-Arts*, 1068ème livraison, VIème période, Tome 51 (janvier 1958), 48-49, qui reprend en y ajoutant quelques détails nouveaux d'ordre biographique, l'essentiel de ce qu'il avait dit sur la question dans son *Influence de Ruskin*, chapitre V, "L'Art religieux dans *Swann*," pp. 138-57.

On complètera ce dossier en y versant les éléments réunis plus récemment par Richard Bales et J. Theodore Johnson dans les travaux suivants: 1) de Bales: "Proust et Emile Mâle," *Bulletin de la Société des Amis de Marcel Proust*, No. 24 (1974), pp. 1925-36 et *Proust and the Middle Ages* (Genève: Droz, 1975). Selon cet érudit, qui a consulté des documents inédits et des témoignages nouveaux, il est possible que l'historien et le romancier aient fait connaissance dès les années 1890 par l'intermédiaire de Robert Proust, mais les premiers contacts épistolaires entre les deux hommes datent de 1906; 2) de J. Theodore Johnson, Jr.: "Marcel Proust et l'architecture (suite)," *Bulletin de la Société des Amis de Marcel Proust*, No. 26 (1976), pp. 247-66. On veillera à ne pas confondre cet article avec les deux autres portant le même intitulé publiés dans les numéros 24 et 25 du *Bulletin*.

Nous aurons à tenir compte de deux éditions de *L'Art religieux du XIIIème siècle en France. Etude sur l'iconographie du moyen âge et sur ses sources d'inspiration*: l'édition originale, illustrée de 96 gravures, publiée chez E. Leroux en 1898 (in-8°, 354 pp.; c'est celle à laquelle Proust renvoie quand il cite Mâle); et la Nouvelle édition, revue et corrigée, illustrée de 127 gravures publiée chez A. Colin en 1902 (in-4º, 468 pp.). Pour la facilité du lecteur, nous renvoyons aussi à la Neuvième édition, illustrée de 190 gravures (A. Colin, 1958). Ces trois éditions seront respectivement désignées par les sigles *AR* (1), *AR* (2), et *AR* (9).

10. Voir en particulier *AR* (1), pp. 179-89; (2), pp. 162-70; (9), pp. 134-41.

11. *AR* (1), p. 185; (2), p. 168; (9), p. 139.

12. *AR* (1), p. 183; (2), p. 166; (9), p. 138. Il n'est pas inutile de dire un mot de la terminologie dont on use pour désigner ce genre de prophétie. Le terme grec propre pour l'événement annonciateur est τύπος; l'événement annoncé est l'αντίτυπος. Τύπος, qui survit dans "typologie," a été traduit en latin par *figura*. En français, on dira *figure* et *préfiguration*. Signalons aussi *imago* et *umbra* que l'on retrouve dans les mots anglais *adumbration* et *adumbrate* (germanisés sous la forme de *foreshadowing* et *foreshadow*). Il faut faire une place spéciale à *littera* et *spiritus*. La *littera*, c'est l'événement de l'Ancienne Loi en quelque sorte limité à lui-même, privé de son sens. Le *spiritus*, c'est ce même événement en tant qu'il revêt une signification prophétique secrète, laquelle ne deviendra manifeste qu'avec l'accomplissement de la prophétie dans un événement, qui est la *veritas* de ce *spiritus*.

Tels sont les termes univoques, auxquels il conviendrait de s'en tenir pour éviter toute confusion. Mais les théologiens, et Émile Mâle à leur suite, ne se montrent pas toujours aussi rigoureux. Ils parleront de *symbole*, d'*allégorie*, de *prophétie*, de *prédication*.

Pour l'histoire de ce vocabulaire, voir Erich Auerbach, "Figura" dans *Scenes from the Drama of European Literature. Six Essays* (New York: Meridian Books, 1959) et *Mimésis, la représentation de la réalité dans la littérature occidentale*, traduit de l'allemand par Cornelius Heim (Paris: Gallimard, 1968). Sur cette question on consultera aussi avec profit le chapitre V de *L'Art religieux du XIIᵉ siècle en France. Étude sur les origines de l'iconographie du moyen âge*, écrit après *L'Art religieux du XIIIᵉ siècle* et que Marcel Proust n'a pas connu puisqu'il parut en 1922, ainsi qu'un ouvrage beaucoup plus ancien auquel Ruskin renvoie pour la description des stalles d'Amiens et que Marcel Proust a probablement eu la curiosité de consulter: Louis Jourdain et Antoine-Théophile Duval, *Les Stalles et clôtures du chœur de la cathédrale d'Amiens* (Amiens: Vve Alfred Caron, 1867), cité dans *La Bible d'Amiens*, traduction, notes et préface par Marcel Proust (Paris: Mercure de France, 1904), p. 257. La théologie de la préfiguration est clairement exposée par Jourdain et Duval à propos des statues symboliques de l'Église et de la Synagogue qui surmontent les pyramides jaillissant des quatre dais des maîtresses-stalles (voir pp. 239-46 pour le commentaire et planche XIII pour le dessin représentant ces statues). Voir enfin Georges Durand, *Monographie de l'église Notre-Dame d'Amiens* (Amiens: Yvert et Tellier; Paris: Picard et Fils, 1901-1903), II, 277, et Louis Réau, *Iconographie de la Bible*, *passim*, dans son *Iconographie de l'art chrétien* (Paris: P.U.F., 1956 et 1957).

13. *AR* (1), p. 179; (2), pp. 162-63; (9), p. 134.

14. *La Bible d'Amiens*, p. 325, note 1, qui renvoie à *L'Art religieux du XIIIᵉ siècle* (édition de 1898), pp. 209-10. Dans (2) le texte se trouve pp. 189-90 et dans (9), p. 158.

15. *La Bible d'Amiens*, p. 314, note 1. *AR* (1), pp. 198-201; (2), pp. 180-81; (9), pp. 149-50. Voir notre planche III pour une reproduction de ce motif.

16. *La Bible d'Amiens*, p. 326, note 4. Voir *AR* (1), pp. 199-203; (2), pp. 180-84; (9), pp. 149-53.

17. Proust fait ici allusion à J.A. Milsand, *L'Esthétique anglaise. Étude sur M. John Ruskin* (Paris: Germer Baillère, 1864).

18. "Impressions de route," *Le Figaro*, 19 novembre 1907, reproduit dans *Pastiches et Mélanges* (Paris: Gallimard, 1919) sous le titre "En mémoire des églises assassinées. I. Les églises sauvées. Les clochers de Caen. La cathédrale de Lisieux. Journées en automobile," pp. 96-97. Nous réservons pour l'Appendice IV la question de savoir si, à la documentation dont a disposé Marcel Proust, il convient de joindre l'étude sur Saint-Loup-de-Naud que lui a prêtée Marie Nordlinger, laquelle la tenait de l'abbé Louis Nappe. (Voir pp. 61 et ss., "Marcel Proust, l'église de Saint-Loup-de-Naud et l'abbé Louis Nappe.")

19. Les passages de *A la recherche du temps perdu* sont cités d'après le texte établi par Pierre Clarac et André Ferré (Paris: Gallimard, Bibliothèque de la Pléiade, 1954).

20. Voir Juliette Monnin-Hornung, *Proust et la peinture* (Genève: Droz; Lille: Giard, 1951), pp. 44-45. Sur Swann et Ruskin, voir Henri Lemaître, *Proust et Ruskin*, p. 323, n. 2 et pp. 369-70. Pour Lemaître, c'est plutôt Ruskin tel qu'il fut compris (c'est-à-dire mécompris) en France vers 1900-1905 que le personnage représente.

21. *The Works of John Ruskin*, eds. E.T. Cook and Alexander Wedderburn, Library Edition (Londres: George Allen, 1903-1912), XXVII, 372. A cette affirmation, on peut joindre: "Our young Reformer [Botticelli] enters on a very miscellaneous course of study; the Coronation of our Lady; St. Sebastian; Pallas in vine-leaves; and Venus,–without fig-leaves." (XXII, 430). Voir aussi dans le même volume les pp. 415-16 et 440-41.

22. J.A. Crowe, "Sandro Botticelli," *Gazette des Beaux-Arts*, 28ème année, deuxième période, tome XXXIV (1er septembre 1886), p. 186.

23. *The Aesthetic and Mathematic Schools of Art in Florence*, "Lecture VIII. Botticelli," Library Edition, XXIII, 266. Voir aussi *Ariadne Florentina*, Library Edition, XXII, 422: "The leaders of the strong schools are, and must be always either teachers of theology, or preachers of the moral law . . . it was as teachers of theology on the walls of the Vatican that the masters with whose names you are most familiar obtained their perpetual fame," ainsi que les pages de cette conférence reproduites dans notre Appendice I.

24. *Ariadne Florentina*, p. 441.

25. *Ibid*.

26. Comme Swann, Ruskin porte un intérêt tout particulier à Zéphora: il avait passé quatorze jours à faire une copie de ce personnage (volume XXIII de la Library Edition, p. xxxvi, et frontispice au volume XXXIII). Mais les raisons particulières qu'a Swann d'admirer ce type de femme, c'est à Charles Ephrussi que Proust les emprunte: "On reconnaît aisément Botticelli, au moins dans l'une des deux fresques du Louvre, *les Grâces reçues par Giovanna*. La jeune fiancée, il est vrai, se ressent, répétons-le, de l'influence directe de Ghirlandajo, mais dans les quatre autres figures, l'attitude générale des corps longs et élancés, et surtout leur air penché et mollement mouvementé, la gracieuse inclinaison des têtes languissamment balancées sur des cous de cygne, les bras longs et abandonnés terminés par des mains effilées d'un maniérisme charmant, les pieds grands, quelque peu communs en queue de poisson, aux doigts démesurés, le gonflement aérien des légères étoffes flottantes, se fronçant en plis fins et menus, à l'antique, qui revêtent en les trahissant les moindres ondulations des formes féminines, l'enfant à grosse tête, d'une vie exubérante, tout est bien de Sandro Botticelli . . . ." Charles Ephrussi, "Les deux fresques du Musée du Louvre attribuées à Sandro Botticelli," *Gazette des Beaux-Arts*, tome LIV (mai 1882), pp. 475-83.

27. *Ariadne Florentina*, p. 442. On trouvera les deux fresques reproduites en vis-à-vis dans Bettina Wadia, *Botticelli* (Feltham Middlesex: The Colour Library of Art, Paul Hamlyn, 1968), planches 21 et 22. Pour les détails historiques et le commentaire, nous renvoyons le lecteur à Roberto Salvini, *All the Paintings of Botticelli*, trans. John Grillenzoni (New York: Hawthorn Books, 1965), et *La Cappella sistina in Vaticano* (Milan: Rizzoli, 1965).

28. C'est surtout avec Adam et la chute que le récit de la tentation a été mis en relation, la terminologie paulinienne étant appliquée par exemple dans la *Passio Bartholomaei*: "Ainsi le diable, qui avait remporté une victoire sur le premier homme par la nourriture se voit vaincu par le jeûne du deuxième homme. Et de même qu'il était venu à bout du premier homme, fils de la terre vierge, par l'incontinence, nous aussi nous vaincrons grâce au jeûne du second Adam, fils de la Vierge Marie." (On reconnaît ici les expressions de l'apôtre Paul dans la *Première Épître aux Corinthiens*, 15, 45-47: "Le premier homme, Adam, a été fait âme vivante; le dernier Adam est un esprit qui donne la vie. Mais ce n'est pas le spirituel qui paraît d'abord; c'est le physique, puis le spirituel. Le premier homme, issu du sol est terrestre; le second homme, lui, vient du ciel." *La Sainte Bible traduite en français sous la direction de l'École Biblique de Jérusalem* (Paris: Éditions du Cerf, 1961). Quant aux parallélismes avec l'histoire de Moïse, les exégètes ne se sont pas fait faute de les noter, mais c'est surtout au jeûne des Juifs (jeûne de quarante jours) qu'on a pensé (Irénée et, après lui, plusieurs Pères de l'Église dont Hilaire de Poitiers) et à la manne (Tertullien en premier lieu). Les commentaires les moins impropres à servir de base aux deux fresques, parce que plus précisément inspirés par l'idée de *dépassement*, sont ceux de Clément d'Alexandrie touchant la réponse de Jésus lors de la tentation sur la montagne (avec la citation de *Deutéronome*, 6, 13: "Tu ne tenteras pas le seigneur ton Dieu"). Le but de Clément est de prouver que ce Moïse qui possède déjà une grande signification (Sage, Roi, Législateur) est dépassé par Jésus, qui est au-dessus de toute nature humaine. Nous tirons ces renseignements de Klaus-Peter Köppen, *Die Auslegung der Versuchungsgeschichte unter besonderer Berücksichtigung der Alten Kirche*, Beiträge zur Geschichte der Biblischen Exegese, 4 (Tübingen: J.C.B. Mohr [Paul Siebeck], p.80 pour Adam, et p. 63 et *passim* pour Moïse.

29. On trouvera ce texte dans l'Appendice I.

30. Aux points de ressemblance signalés dans le texte de Proust, on pourrait ajouter cette particularité que l'épouse de Moïse, pas plus qu'Odette, n'est juive, comme le fait remarquer William S. Bell dans une note de l'excellente édition universitaire qu'il a procurée de *Un Amour de Swann* (New York: Macmillan, 1965), p. 80, note 165). Marcel Proust a-t-il attaché de l'importance à ce détail? C'est possible, encore que la fresque de Botticelli ne mette pas ce point en évidence, ni d'ailleurs le texte biblique, sauf peut-être par l'étymologie du nom "Gershom": "Celle-ci [Zéphora] mit au monde un fils qu'il nomma Gershom car, dit-il: 'Je suis un immigré en terre étrangère' " (*Exode*, 2, 22, texte de *La Bible de Jérusalem*).

31. Ce n'est pas la seule fois qu'est attestée, fût-ce indirectement, l'association Christ-Narrateur: dans *La Fugitive* (III, 646) le rapprochement entre la mère du *Je* et la Vierge Marie implique évidemment l'identification du Protagoniste avec le Messie, comme l'indique Gérard Genette dans *Figures III*, p. 49. D'ailleurs dès l'ouverture de *Combray*, ne voyons-nous pas le père comparé avec Abraham, donc implicitement l'enfant avec Isaac (I, 37); or le fils du patriarche a toujours été vu comme une figure du Messie par les commentateurs médiévaux. Mais on peut se laisser entraîner très loin dans ce sens: Adele King prend prétexte de ce dernier détail pour signaler ce qui lui paraît être toute une série d'allusions au récit de l'Évangile dans la *Recherche*. Ces rapprochements

n'emportent pas tous également la conviction. Les souffrances endurées par le *Je* peuvent effectivement rappeler celles du Sauveur, et il est indéniable que la Semaine Sainte joue un rôle .important dans le récit. On peut sans doute comparer le temps perdu par le Héros, indispensable prélude au "Temps retrouvé" avec l'incarnation du Fils de l'Homme. Il est à notre avis hautement probable que Proust a songé à l'Ecriture quand il fait dire à son Narrateur: "On serait venu pour me voir, pour me nommer roi, pour me saisir, pour m'arrêter, que je me serais laissé faire sans dire un mot, sans rouvrir les yeux . . ." (III, 1039): l'allusion à l'arrestation du Christ et à son procès est transparente (encore que la comparaison humoristique qui termine la phrase laisse subsister un doute: "comme ces gens atteints au plus haut degré du mal de mer et qui, traversant sur un bateau la mer Caspienne, n'esquissent même pas une résistance si on leur dit qu'on va les jeter à la mer," *ibid*.). Peut-être aussi, comme le suggère Adele King, y a-t-il allusion à ce moment de la Passion où le Christ trébuche en se rendant au Calvaire lorsque le Narrateur manque trois fois de tomber en descendant l'escalier (III, 1039). De là à voir dans le dîner auquel assiste le *Je* avant de se mettre au travail une allusion à la dernière Cène, il y a une marge difficile à franchir. D'abord parce que de ce dîner il n'est fait état que dans les termes les plus vagues et de la façon la moins circonstanciée: "un jour où je sortis" (III, 1039). Ensuite parce que la réflexion que nous livre le Narrateur sur ce genre de réunion exclut toute possibilité de rapprochement avec le récit de l'Evangile: "Un des moi, celui qui jadis allait dans ces festins de barbares qu'on appelle dîners en ville et où, pour les hommes en blanc, pour les femmes à demi nues et emplumées, les valeurs sont si renversées que quelqu'un qui ne vient pas dîner après avoir accepté, ou seulement n'arrive qu'au rôti, commet un acte plus coupable que les actions immorales dont on parle légèrement pendant ce dîner, ainsi que des morts récentes et où la mort ou une grave maladie sont les seules excuses à ne pas venir, à condition qu'on eût fait prévenir à temps, pour l'invitation d'un quatorzième, qu'on était mourant, ce moi-là en moi avait gardé ses scrupules et perdu sa mémoire" (III, 1039-40). Il est dès lors difficile de suivre Adele King quand elle voit dans "je n'avais plus ni mémoire, ni pensée, ni force, ni aucune existence" (III, 1039) et "ne devant plus végéter que huit jours" (III, 1040) une allusion à la mort et à l'inhumation du Christ. Enfin quand Proust montre les hommes "juchés sur de vivantes échasses, grandissant sans cesse, parfois plus hautes que les clochers . . ." (III, 1048) fait-il vraiment intervenir "a religious metaphor" dont les deux termes seraient la fin de la vie du *Je* et l'ascension du Sauveur? (Voir Adele King, *Proust*, p. 85.) Quant au baron de Charlus, peut-on vraiment le prendre au sérieux—comme Adele King nous y invite—quand il tient des propos dont la morgue et le grotesque sont mis dans la plus vive lumière: "Vous savez que mes armes contiennent la devise même de Notre-Seigneur: *Inculcabis super leonem et aspidem*" (III, 805)? Ceci dit, gardons-nous bien de minimiser l'intérêt de cette étude. Avant nous, Adele King a montré le jeu de la concordance entre les deux Testaments dans la *Recherche* et elle est le seul critique à avoir vu que la structure architectonique du roman (invoquée par la comparaison entre l'œuvre écrite et une cathédrale) impliquait la mise en jeu de rapports typologiques. (Voir pp. 79, 80, 82 et 86.)

Pour un autre aspect de l'utilisation faite par le romancier de ses connaissances dans le domaine de l'art gothique, voir J. Theodore Johnson, Jr., "Proust and Giotto: Foundations for an Allegorical Interpretation of *A la recherche du temps perdu*," dans *Marcel Proust: A Critical Panorama*, ed. Larkin B. Price (Urbana: University of Illinois Press, 1973), pp. 168-205. Le critique note incidemment que les allusions à Zéphora sont le fait d'additions tardives dans l'histoire de l'élaboration du roman, ainsi que le révèle un examen des documents déposés à la Bibliothèque Nationale. La chose mérite d'être signalée, mais en découle-t-il nécessairement qu'il faille minimiser l'importance de ces références et n'y voir que des éléments purement décoratifs, comme le voudrait Johnson? Nous espérons avoir montré au contraire que, pour postérieures qu'elles soient aux mentions du nom de Giotto, les allusions à Botticelli remplissent dans l'économie du roman une fonction très importante, prévue par le créateur bien avant les révisions qu'il faisait subir à la dactylographie du *Du Côté de chez Swann*.

D'ailleurs, dans une étude plus récente, Johnson lui-même nous fournit des arguments: il montre en effet que l'allégorie est un procédé qui relève d'une esthétique dont Proust entend se désolidariser. Fondée (selon Johnson, et nous abondons dans son sens) sur une dialectique par laquelle le Narrateur passe d'une conception de la réalité vue comme figée à une reconnaissance du caractère mouvant du monde, la *Recherche* ne peut s'accommoder de l'allégorie (qu'il s'agisse de celles de Dante Gabriel Rossetti, p. 33, ou de celles de Giotto dans laquelle, par exemple, les mêmes Vertus confrontent éternellement les mêmes Vices en une psychomachie bien réglée, p. 41). Si les allusions à Giotto apparaissent dans l'œuvre de Proust, c'est associées avec l'étape première, celle d'une stérilité destinée à être dépassée: ainsi dans le texte sur le nénuphar, commenté par Johnson p. 26 et ss. Voilà pourquoi, selon nous, Proust a renoncé à utiliser comme titre "Les Vices et les Vertus de Padoue": manichéiste dans son signifié et allégorique dans son signifiant, la formule—Proust a dû s'en aviser—convenait mal pour désigner le roman dans sa totalité. Mais la référence à Giotto est tout indiquée pour être exploitée dans les propos de Swann, dans la mesure où ce personnage fonctionne comme représentant d'une lecture "judaïque" de la réalité (nous prenons cet adjectif dans son sens péjoratif, que connaît encore le dictionnaire Larousse de l'époque de Proust, et dont l'arrière-fond théologique est la dénonciation de la Synagogue par saint Paul dans la célèbre formule: "la lettre tue, l'esprit vivifie"). L'association Juif, célibataire de l'art, femme enceinte portant son fardeau "devant elle" (et non en elle) est extrêmement significative. Ces considérations certes n'effacent pas le "petit fait vrai" (comme eût dit Stendhal) constaté par le lecteur des manuscrits: l'allusion à Giotto, loin de nous l'intention de le nier, est chronologiquement antérieure à l'apparition de Zéphora; mais alors que la première connote la fixité de la "littera," le "spiritus" est indexé par l'histoire de la vie de Moïse, où il faudra dès lors voir autre chose qu'un pur ornement. Voir "Proust's 'Impressionism' Reconsidered in the Light of the Visual Arts of the Twentieth Century," in Georges Stambolian, ed. *Twentieth Century French Fiction: Essays for Germaine Brée* (New Brunswick: Rutgers University Press, 1975).

Nous ne pouvons mettre un point final à cette note, pourtant déjà démesurée, sans renvoyer aussi aux pp. 258-60 de "Marcel Proust et l'architecture" où la question de l'allégorie chez le romancier fait encore une fois l'objet de considérations intéressantes. (Voir notre note 9 pour la référence.)

32. "Pèlerinages ruskiniens en France," *Le Figaro*, 13 février 1900, article reproduit dans *Chroniques* (Paris: Editions de la Nouvelle Revue Française, 1927), pp. 145-49. L'extrait que nous citons plus bas se trouve à la p. 147.

33. Puisque nous en sommes à invoquer les motivations plus ou moins conscientes de l'écrivain, rappelons que le père du romancier était lui-même enclin à tenir des propos nostalgiques. La chose était assez notable pour que le Dr Noir, confrère du professeur Proust, en fasse la remarque dans l'éloge funèbre qu'il lui a consacré. Voici les termes dans lesquels est évoquée la figure d'Adrien Proust parti

à la recherche du temps perdu devant ses compatriotes islériens: ". . . Malgré le sur-
menage des nombreuses fonctions dont il assumait les charges, il avait su rester un fin
lettré et garder des sentiments de poète. Nous ne pouvons oublier le plaisir que nous
avons éprouvé à la lecture d'un discours prononcé par M. Proust à la distribution des
prix de l'Ecole primaire supérieure d'Illiers, sa petite ville natale. Rien de pédant, rien
de pompeux dans cette charmante élocution, tout émaillée cependant de citations de
poètes français et même latins. L'évocation mélancolique des souvenirs d'antan, un
amour profond du pays natal, s'exhalent de chaque phrase comme un parfum délicat
. . ." (J. Noir, "Le Pr A. Proust, 1834-1903," *Le Progrès médical*, 5 décembre 1903,
p. 469).

34. *AR* (1) pp. 248-49 et fig. 64; (2) pp. 223-25 et fig. 83 et (9) pp. 191-92
(avec quelques variantes) et fig. 100. D'après Emile Mâle, ce sujet iconographique
remonte à Jérémie, *Lamentations*, versets 16 et 17: "Malheur à nous," dit le prophète, "parce que nous avons péché, nos yeux se sont couverts de ténèbres, notre
cœur est devenu triste, et la couronne est tombée de notre tête."

35. C'est Autret qui signale cet emprunt. Voir *L'Influence de Ruskin . . .* , pp.
145-46. Citons aussi le commentaire que donne Emile Mâle d'un vitrail de Saint-Denis
dans l'*Histoire de l'art* éditée par André Michel: "On voit Jésus portant sur la poitrine
une espèce d'auréole formée par sept colombes qui symbolisent les sept dons du
Saint-Esprit. De la main droite, il couronne l'Eglise et de la gauche il enlève le voile
qui couvre le visage de la Synagogue: allégorie familière aux Pères, et qui signifie que
Jésus, en venant au monde et en promulguant La Loi Nouvelle a rendu soudain intel-
ligible tout le mystère de l'Ancienne Loi qui semblait se dérober sous un voile. Un
vers que le vitrail nous présente mutilé, mais que le texte de Suger donne dans son
intégrité, explique d'ailleurs très nettement le sens de la composition: *Quod Moyses
velat Christi doctrina revelat.* "Ce que Moïse couvre d'un voile est dévoilé par la doctrine du Christ." Voir "La Peinture sur verre en France" dans André Michel, *Histoire
de l'art depuis les premiers temps chrétiens jusqu'à nos jours* (Paris: Armand Colin,
1905), Tome I: *Des débuts de l'art chrétien à la fin de la période romane*, Deuxième
partie, pp. 784-85. La cécité momentanée dans laquelle Swann trouve un refuge
chaque fois que se présente à son esprit une question difficile a peut-être été suggérée
à Proust par cette image. Voir, pour Swann, I, 34, 242, 268, 296, 318, 347, 358,
378, 563, et, pour le père de Swann, déjà sujet à ces abdications: I, 15. Le thème de
l'aveuglement est mis en œuvre dans un détail du portail sud de la cathédrale de
Chartres, où l'on voit un petit personnage essayer en vain de lire le texte d'un rouleau
que tient saint Jérôme. Il n'est jamais question de cette statue chez Proust, mais elle
illustrerait admirablement un grand nombre de passages du roman.

36. *La Bible d'Amiens*, p. 50. Il s'agit de la Crucifixion qui se trouve dans la
Sala dell' Albergo de l'Ecole de Saint-Roch, à Venise. Voir Hans Tietze, *Tintoretto:
The Paintings and Drawings with Three Hundred Illustrations* (New York: Phaidon,
1948), pp. 374-75 et planche 130.

37. *La Bible d'Amiens*, p. 298, d'après *AR* (1) p. 172, (2) p. 157 et (9) pp. 128
et 129. Nous donnons le texte tel que Marcel Proust l'a reproduit. En réalité, Mâle
avait écrit *semblait être le symbole* (et non *semble être le symbole*). De plus il faut
rétablir une virgule après *Le juif* ainsi qu'après *la parole de l'Eglise*. Il s'agit d'un
médaillon à fond bleu de 0,70 de diamètre dont voici la description dans le *Corpus
vitrearum Medii Aevi. France*, Volume I: *Les Vitraux de Notre Dame et de la Sainte-
Chapelle de Paris* (Caisse Nationale des Monuments historiques. CNRS. Paris, 1959),
p. 31: "Un homme lève la main sur son évêque debout à gauche, vêtu d'une dalmati-

que verte à bande rouge, d'une chasuble pourpre et d'un amict vert, et coiffé d'une mitre bleuâtre. Le révolté porte un bonnet de fourrure jaune, une robe verte à ceinture jaune et un manteau rouge. Sa tête est refaite. Il y a quelques pièces neuves dans les vêtements." On notera que les auteurs du *Corpus* ne retiennnent pas l'interprétation proposée par Emile Mâle, pourtant maintes fois cité dans l'ouvrage. Le romancier s'est souvenu de ce détail dans *Le Côté de Guermantes*: "Sous la toque à glands d'or comme les grands prêtres sous le bonnet conique des Juifs, les 'professeurs' étaient encore, dans les années qui précédèrent l'affaire Dreyfus, enfermés dans des idées rigoureusement pharisiennes" (II, 458).

   38. *Histoire du roman français* . . . , p. 172.

   39. Notons que l'insistance sur le caractère vespéral des apparitions de Swann, qu'il s'agisse du voisin de Combray ou de l'amant d'Odette, peut s'expliquer comme une allusion de plus à l'Ancienne Alliance: c'est le transept septentrional, c'est-à-dire la partie de l'église la moins bien éclairée, qui est chargé de représenter la Loi dans l'iconographie des cathédrales. De même dans la Chapelle Sixtine, les fresques consacrées à la vie du Christ décorent la paroi de droite, qui se trouve être la plus favorisée par la lumière, tandis que les "figures" correspondantes sont à contre-jour.

   40. Plus loin, Proust a noté dans un béquet marginal: "Dire peut-être ici à la place que je me demande quel genre de réalité intellectuelle symbolise une belle phrase de Vinteuil—*elle en symbolise sûrement une pour donner cette impression de profondeur et de vérité*—et laisser à la fin du livre que cette réalité, c'était ce genre de pensées comme la tasse de thé en éveillait" (III, 1091, note numéro 2 se rapportant à la page 375. C'est Proust qui souligne).

   41. Et vice-versa: si le *Je* passe par l'Ancien Testament, Swann de son côté ne reste pas tout à fait prisonnier de l'Ancienne Loi: l'évolution est notable entre la première et la dernière audition de la sonate (I, 347-48). On objectera peut-être que Proust opère ici une confusion entre la personne du *Je* et celle de Swann; il est en effet malaisé de discerner dans ce développement ce qui revient en droit à l'amant d'Odette et ce qui procède de l'expérience du Protagoniste.

   42. Identification qui n'exclut nullement celle du séducteur avec l'enfant. Les subtilités du triangle oedipien sont telles que rien ne s'oppose à pareille lecture, qui trouve un début de justification dans les propos du *Je* se rappelant comment "les crimes de Golo [lui] faisaient examiner [sa] propre conscience avec plus de scrupules" (I, 10). Mais il y aurait bien d'autres choses à dire sur les rapports de ressemblance entre Golo et le Narrateur. Ainsi, le jeu de la lanterne magique préfigure en quelque sorte le travail de "projection" mentale qui sera celui de la mémoire dans l'élaboration du *Temps perdu*. Proust a fait lui-même le rapprochement (III, 884 et 924). Il se peut que ce rapport figuratif ait été dicté à Marcel Proust par une remarque de Ruskin qu'a relevée le traducteur de *La Bible d'Amiens*: "Parlant du groupe d'enfants qui, au premier plan de *La Construction de Carthage* de Turner, s'amusent à faire voguer des petits bateaux, il [Ruskin] concluait: 'Le choix exquis de cet épisode, comme moyen d'indiquer le génie maritime d'où devait sortir la grandeur future de la nouvelle cité, est une pensée qui n'eût rien perdu à être écrite, qui n'a rien à faire avec les technicismes de l'art. Quelques mots l'auraient transmise à l'esprit aussi complètement que la représentation la plus achevée du pinceau. Une pareille pensée est quelque chose de bien supérieur à tout art; c'est de la poésie de l'ordre le plus élevé.'" (Proust sur Ruskin et citant Ruskin, *La Bible d'Amiens*, pp. 49-50.)

   43. Par rapport au texte des cahiers, le caractère israélite de Swann lui-même est fortement estompé dans le roman publié. Dans certains épisodes, le père de

Gilberte a été remplacé par Bloch. Ainsi dans le cahier IX, folio 42, c'est aux dépens de Swann que le grand-père, franchement antisémite ("il avait un de ces préjugés comme nous en avons tous"), s'amuse à chantonner l'air de "Israël, romps ta chaîne." Swann représente alors à son ami que les vertus dites chrétiennes sont aussi des vertus juives.

44. Cahier IX, folios 48-50 recto. Le texte est de la main d'un copiste et surchargé de corrections autographes. La transcription que nous en donnons ne vise pas à la précision que l'on serait en droit d'attendre d'une édition critique. Nous avons seulement voulu mettre sous les yeux du lecteur une version cohérente et complète de ce développement inédit et nous avons négligé de nombreuses variantes sans intérêt pour notre propos. Le lecteur qui voudra consulter le manuscrit aura intérêt à comparer le texte avec la dactylographie de *Du Côté de chez Swann*, folios 35-37. Le cahier VIII ne possède pas de version antérieure de ce développement.

45. Folio 29 r°; c'est nous qui soulignons. Pour une version antérieure de l'épisode de la projection lumineuse, voir le cahier VIII, folio 11 v°, qui en revanche ne contient pas de développement correspondant à celui que nous reproduisons plus haut. J. Theodore Johnson a signalé l'intérêt d'autres extraits des documents de la Bibliothèque Nationale relatifs à cet épisode dans "'La Lanterne magique': Proust's Metaphorical Toy," *L'Esprit Créateur*, 11 (1971), 17-31 (cahier VI, 2 r°, 6 r°, et *Du Côté de chez Swann*, I, *Combray*, 2ème dactylographie définitive, p. 255). On pourra compléter nos analyses par celles de Johnson qui insiste sur le sens symbolique de la projection (dans une acception psychologique) et note par exemple la différence dans la façon dont le Narrateur d'une part et les artistes manqués d'autre part (Swann et Charlus) manipulent leur lanterne magique personnelle. (Voir surtout pp. 28-29 avec le commentaire sur la visite du *Je* au studio d'Elstir et le rappel de la comparaison de II, 419.) On se reportera aussi utilement à "Marcel Proust et l'architecture," publié par Johnson dans le *Bulletin de la Société des Amis de Marcel Proust* de 1976, surtout pour les pp. 258-60.

46. On aura remarqué la valeur ambiguë du gothique dans ce complexe. Sur le plan de la chronologie, il est ce qui vient déranger (et, en l'occurrence enrichir, approfondir). Le style des "premiers architectes et maîtres verriers de l'âge gothique" est étranger par rapport à "l'opacité des murs" caractéristique de l'art roman. Mais sur le plan de l'espace, l'art ogival (c'est-à-dire français et catholique) est l'intériorité par rapport aux lilas-minarets (persans et islamiques). Que les deux oppositions antériorité/postériorité et intériorité/extériorité se croisent, et nous aurons "roman/ persan," caractéristique du style de Balbec. Ce n'est certes pas un hasard si Swann se voit confier le soin d'ouvrir les yeux du Héros à ce sujet: le propriétaire de Tansonville nous parle autant de lui que de Balbec quand il évoque le double visage de l'église. Pour le modèle réel qui a pu orienter Proust dans le sens du croisement roman-persan, voir Appendice IV.

47. L'épisode de Golo pourrait se prêter à une exégèse de type jungien qui mettrait en évidence, outre sa valeur de symbole préfiguratif, son sens cosmologique. Tel qu'il est introduit dans le roman, le personnage de la plaque de projection lumineuse nous paraît en effet relever d'un archétype sur lequel Mircéa Eliade a attiré l'attention: "Dans l'iconographie asiatique, océanienne et amérindienne, le passage des Ténèbres à la Lumière, du non-manifesté à la cosmogonie, est signifié par les masques du type *t'ao-t'ieh*: un monstre, symbole de la lumière, ou un enfant (= l'Ancêtre mythique, symbolisant la fondation d'une 'humanité' ou le commencement d'une nouvelle histoire)." Mircéa Eliade, "Le Symbolisme des ténèbres dans les reli-

gions archaïques" dans *Polarité du symbole* (Paris: Les Etudes Carmélitaines, Desclée de Brouwer, 1960), p. 19. Ce n'est pas ici le lieu d'y insister, mais le développement s'insère dans un texte qui est comme une anthologie de tous les schèmes originaires par lesquels l'homme de culture occidentale a essayé de saisir son point d'émergence: le chaos originel (I, 3), Adam et Eve (I, 4), l'homme des cavernes (I, 5) etc. Dans cet "Ancien Testament" qu'est *Le Temps perdu*, l'ouverture de *Combray* joue un rôle très comparable à celui du livre de la Genèse dans la Bible. Un autre rapprochement suggestif est celui que l'on pourrait faire avec le "Luftmensch" jiddisch, image du Juif sans pesanteur qui flotte en marge de la société. C'est par le recours à ce symbole que Lucien Goldman a proposé d'interpréter l'obsession du personnage qui voltige dans les toiles de Chagall (conférence prononcée à Ann Arbor le 23 octobre 1967. L'étude publiée sous le titre "Sur la peinture de Chagall" dans *Annales*, No. 4 [1960], ne fait pas encore état du "Luftmensch").

48. Jusqu'au moment où Swann comprend son erreur en tout cas, cet épisode préfigure à son tour le développement de *La Prisonnière* où la fenêtre de la chambre d'Albertine présente, éclairée de l'intérieur, un "grimoire magique" dessinant devant l'esprit du Héros "des images précises, toutes proches, et en possession desquelles [il] allai[t] entrer . . ." (III, 330). Le rapport entre la vie amoureuse de Swann et celle du Héros est explicitement marqué dès les *Jeunes Filles en fleurs*: l'amant jaloux, dit le mari d'Odette, "arrive à faire vivre sa maîtresse comme ces prisonniers qui sont jour et nuit éclairés pour être mieux gardés. Et cela finit généralement par des drames." Paroles qui, dit le Narrateur, "devaient plus tard prendre dans [son] souvenir la valeur d'un avertissement prophétique" (I, 563).

49. Voir aussi, dans *Le Côté de Guermantes*, la juxtaposition des deux éléments: "C'est ainsi que l'atmosphère où Mme de Guermantes existait en moi, après n'avoir été pendant des années que le reflet d'un verre de lanterne magique et d'un vitrail d'église, commençait à éteindre ses couleurs, quand des rêves tout autres l'imprégnèrent de l'écumeuse humidité des torrents" (II, 11).

50. *Jean Santeuil* (Paris: Gallimard, Collection Blanche, 1952), I, 181 et *Jean Santeuil*, précédé de *Les Plaisirs et les jours*, édition établie par Pierre Clarac, avec la collaboration d'Yves Sandre (Paris: Gallimard, Bibliothèque de la Pléiade, 1971), p. 316.

51. *AR* (1), p. 190; (2), p. 171; (9), p. 142.

52. "Trois Lettres inédites au marquis d'Albuféra," *Le Figaro Littéraire*, 9 juillet 1971, p. 16 (lettre du 7 mai 1908).

53. D'ailleurs, à lire les notices consacrées au vitraux dans tel ouvrage spécialisé, on peut avoir le sentiment que la description de la projection lumineuse donnée par Proust doit moins aux souvenirs d'enfance qu'aux lectures récentes sur l'art gothique. Le détail de la ceinture bleue que porte Geneviève de Brabant, par exemple, ne serait-il pas emprunté à l'un des nombreux personnages représentés dans la rose Ouest de Notre-Dame de Paris? Il n'est pas impossible que des recherches portant sur les manuscrits et les ouvrages que Proust a pu lire sur les vitraux confirme ce que nous ne pouvons suggérer ici qu'à titre d'hypothèse.

54. Voir aussi III, 904. C'est au point que les possibilités d'explications psychologiques seront sacrifiées à ce genre de considérations. "Generally the Narrator sees patterns of similarity in his behavior rather than the causes behind the patterns. He sees, for example, his anguished need for his mother as a child not as the basis for his later behavior in love, but merely as a prefiguration of love to which such anguish is 'predestined,'" écrit Leo Bersani dans *Marcel Proust: The Fictions of Life and of*

Art (New York: Oxford University Press, 1965), p. 114.

55. L'idée sera reprise plus loin (III, 263-64): Vinteuil est comparé à Wagner pour le progrès réalisé entre "les mélodies sans caractère" telles que "la Romance à l'Etoile" ou "la Prière d'Elisabeth" et *Tristan, L'or du Rhin* et *Les maîtres-chanteurs*. Mais ici, c'est plutôt pour s'étonner de la distance qui sépare les œuvres de jeunesse et les réalisations de l'âge mûr.

56. C'est nous qui soulignons. Un souci de clarté nous a fait pratiquer dans ce texte des coupures. C'est la version des cahiers (établie d'après les indications fournies par Clarac et Ferré) que nous donnons ici. Nous avons toutefois pris sur nous de corriger ce qui semble être une faute d'impression: *l'une par une méchanceté* au lieu de *l'un*. Nous nous sommes en revanche abstenu de substituer *plus besoin de vivre* à *plus besoin d'écrire*, qui paraît pourtant plus conforme à la pensée de Proust. Signalons que le texte introduit ensuite une comparaison qui invite un rapprochement avec l'extrait du carnet "L'homme au col blanc" reproduit et commenté dans notre Apendice III.

57. Aux exemples que nous avons cités, on pourrait ajouter celui que contient un passage de *La Prisonnière* où il est question de Bergotte malade et vieilli: "Il allait ainsi se refroidissant progressivement, petite planète qui offrait une image anticipée de la grande quand, peu à peu, la chaleur se retirera de la terre, puis la vie" (III, 184). Peut-être aussi retiendrions-nous cette notation de *Un Amour de Swann*: ". . . il [Swann] éprouvait le besoin de trouver dans une œuvre ancienne ces allusions antici-pées et rajeunissantes à des noms propres d'aujourd'hui" (I, 223). Mais—étrange retournement des choses!—c'est parce que Swann s'est "laissé gagner par la frivolité des gens du monde" qu'il adopte cette perspective; l'établissement de correspon-dances entre le présent et le passé relevant du côté superficiel du personnage, voilà Moïse coupable de comprendre les figures! Signalons pour mémoire les rapproche-ments suivants, suggérés par Adele King: Françoise, laquelle possède "l'apparence de ces lois antiques qui . . . défendent avec une délicatesse exagérée de faire bouillir le chevreau dans le lait de sa mère ou de manger dans un animal le nerf de la cuisse" (I, 28-29) et qui profère "des oracles sybillins, ou des sentences d'un caractère général telles que celles de l'Ecclésiaste" (I, 108), est assimilée à un Israélite de l'Ancienne Loi, alors que la Tante Léonie, à laquelle le *Je* ressemble de plus en plus, serait la Loi Nouvelle (King, pp. 86-87). C'est oublier que l'allusion aux lois antiques est suivie d'un développement où Proust fait intervenir "le passé français [catholique] très ancien" des "délicates sculptures qui représentent le miracle de Saint-Théophile ou les quatre fils Aymon" (I, 29); c'est aussi ne pas tenir compte du fait que la compa-raison entre le *Je* et la grand-tante porte sur le caractère neurasthénique de la vieille femme. L'équation Léonie = Leo (lion, symbole du Christ et de sa résurrection) proposée par le même critique nous paraît donc relever de la fantaisie. De même peut-on vraiment croire que la famille des Guermantes symbolise la Loi Nouvelle sous le prétexte que les ancêtres d'Oriane sont figurés dans les vitraux de Combray, si l'on se souvient que c'est Gilbert le Mauvais qui est représenté dans la verrière?

58. A propos de cette remarque, Rainer-Maria Rilke qui a été un des premiers lecteurs de Proust, a parlé de "vraie trouvaille psychanalytique," "Rilke écrit, de Paris à l'aimable Princesse," *Le Figaro Littéraire*, 16 avril 1960, p. 12.

59. La réflexion suivante du Narrateur nous paraît également relever de consi-dérations fort éloignées de la vision typologique de l'histoire: "De même qu'en écou-tant parler Cottard, Brichot, tant d'autres, j'avais senti que, *par la culture et la mode*, une seule ondulation propage dans toute l'étendue de l'espace les mêmes manières

de dire, de penser, de même, dans toute la durée du temps de grandes lames de fond soulèvent des profondeurs des âges les mêmes colères, les mêmes tristesses, les mêmes bravoures, les mêmes manies, à travers les générations superposées, chaque section, prise à plusieurs d'une même série, offrant la répétition, comme des ombres sur des écrans successifs, d'un tableau aussi identique, quoique souvent moins insignifiant, que celui qui mettait aux prises de la même façon Bloch et son beau-père, M. Bloch père et M. Nissim Bernard, et d'autres que je n'avais pas connus" (III, 944). (C'est nous qui soulignons.) Nous nous séparons ici d'Adele King qui donne du texte cité le commentaire que voici: "Like the medieval theologians he [le *Je*] sees human history as a recapitulation of the same types and events throughout the ages," *op. cit.*, p. 88.

60. ". . . la nature que nous faisons paraître dans la seconde partie de notre vie n'est pas toujours, si elle l'est souvent, notre nature première développée ou flétrie, grossie ou atténuée; elle est quelquefois une nature inverse, un véritable vêtement retourné" (I, 434).

61. *Op. cit.*, p. 90.

62. Nous limitons notre analyse à l'emprunt conscient du schème reconnu comme tel. Cet emprunt ne recouvre-t-il pas la mise en œuvre inconsciente d'un obscur archétype? C'est ce que nous invitait à supposer la ressemblance notée entre Golo et l'ancêtre mythique symbolisé par le masque du type *t'ao-t'ieh*. (Voir note 47.)

63. "Structure de *Swann*: Balzac, Wagner et Proust," p. 382.

64. Ruskin: respectivement dans *Modern Painters, Fors Clavigera* et *Giotto and His Work*, textes cités dans *La Bible d'Amiens*, p. 227, note du traducteur.

65. Leo Bersani, *op. cit.*, respectivement p. 237 et 236. (C'est nous qui soulignons.) Cf. aussi d'excellentes observations de John Bovey: "In a sense the secret of Proust's whole method is to be found in his long periodic sentences, where meaning is suspended until the last modifier has been settled in its proper place and the last word has been apprehended. The fragments of the past which the novel recreates are all designed to modify, like the clauses and phrases of a complex sentence, the sensibility of the narrator; and the full reality of that sensibility and of the society which it colors and defines is not fully revealed until he has summoned his last memory from its dwelling place beyond time," *op. cit.*, p. 39.

66. *Op. cit.*, p. 217.

67. "Contre l'obscurité," *La Revue Blanche*, No. 75, 15 juillet 1896, pp. 69-72, reproduit dans *Chroniques*, pp. 137-45.

68. "Sur l'évolution littéraire (Enquête de Jules Huret)," *Oeuvres complètes*, texte établi et annoté par Henri Mondor et G. Jean-Aubry (Paris: Gallimard, Bibliothèque de la Pléiade, 1945), pp. 866-72.

69. Nous nous inspirons évidemment ici de Philip Kolb, "Proust et Ruskin: nouvelles perspectives," qui voit dans cette note "l'ébauche d'un plan qui lui permettait d'utiliser ct de refondre les éléments de *Jean Santeuil*," p. 271.

70. *Op. cit.*, pp. 89-90.

RUSKIN SUR LE MOISE DE BOTTICELLI

1. . . . . With the notes which here follow on Botticelli's "Scenes from the Life of Moses" in the Sistine Chapel, the reader should compare the general account of the work, and of its relation to others in the same series, in *Ariadne*, § 209 (Vol. XXII, p. 422). The date of the works in the Sistine is known to be 1481-1483 (in which latter year Botticelli was thirty-six); the Barnaba Madonna and the Coronation are by some critics assigned to a somewhat later date. The remainder of § 118 and § 119 are put together from memoranda and detached sentences, which in the existing MS. are in a chaotic state. This may be partly for a reason already suggested; but also it is partly because Ruskin used some portions of this Oxford lecture on Botticelli, and rewrote others, for his Eton lecture (1874) on the same painter, and the two sets of notes were not afterwards sorted out by him; but also because neither this part of the original lecture nor any part of the Eton lecture was fully written out. Ruskin showed some large photographs (now Nos. 108, 109 in the Reference Series) of Botticelli's Life of Moses in the Sistine Chapel, and sentences which seem loosely connnected as here set down were expanded and connected, as the lecturer turned from one point to another in explaining and describing the pictures.

2. See the frontispiece [il s'agit du fronstispice du vol. XXIII, reproduisant une copie de la Zéphora de Botticelli faite par Ruskin] ; and compare below p. 478.

3. See Vol. XIX pp. 306, 375; vol. XX, pp. 269, 392; and *Fors Clavigera*, Letter 26, § 13.

4. *Iliad*, XV. 229, XVII. 593, etc.: "tasseled."

5. Compare *Mornings in Florence*, § 124 *n.* (below, p. 417).

6. See Exodus ii. 16, 17.

7. Reuel, or Jethro, "the priest of Midian" (Exodus ii. 16). For the other references in § 119, see Exodus xviii. 7, 12, 17 *seq.*; Numbers xxv. 15-18, xxxi. 2.

8. Romans iii. 31.

9. Acts xii. 4 *seq.*

10. John v. 16.

11. Revelation xx. 14.

12. Numbers xvi. 33.

13. Hebrews x. 28, 29, where the reference is to Deuteronomy xvii. 2-13.

14. Hebrews vi. 6.

15. Philippians iii. 5. The other references in § 127 are to Psalms cxxxvi. 16; Isaiah xliii. 2; Psalms lxxviii. 25; Jeremiah ix. 16; Deuteronomy xxxii. 2; Revelation xxi. 3; Galatians iii. 24; Numbers xiv. 29; Exodus iii. 8; Hebrews x. 29.

16. Compare *Lectures on Art*, § 125 (Vol. XX. p. 115).

17. John i. 17.

EMILE MALE ET LES ARTISTES THÉOLOGIENS
DU HAUT MOYEN AGE

1. *Vita beat. abbat. Wiremuthens. Patrol.* tome 94, col. 720.
2. Ermoldus Nigellus, *In honor. Ludovic.* Lib. IV, v. 191-242.
3. Voir F. Piper, *Ueber den christlichen Bilderkreis.* Berlin, 1852, in-8. p. 46 et suiv. Voir aussi Julius von Schlosser, *Schriftquellen zur Geschichte der karolingischen Kunst*, et du même, *Quellenbuch zur Kunstgeschichte*, Wien, 1896.

PROUST ET ISIDORE DE SÉVILLE

1. Ces documents n'ayant pas encore été catalogués lorsque nous les avons consultés, quelques précisions à leur sujet ne seront pas inutiles. On trouvè déposés au Cabinet des Manuscrits de la Bibliothèque Nationale quatre carnets (à ne pas confondre avec les "cahiers"): 1) un carnet de format très allongé (environ 7x26 cm d'après Milly) dont la couverture est illustrée d'un dessin représentant un élégant qui semble fumer une pipe; en réalité, il s'agit probablement d'une canne ou d'une cravache; 2) un carnet de mêmes dimensions que le premier, dont le dessin de couverture représente une jeune femme; 3) un carnet un peu moins grand, illustré d'un dessin qui représente un élégant sans cravache ou canne et que l'on pourrait appeler "le dédaigneux." Jean Milly propose l'appellation "Homme au col blanc"; 4) enfin un carnet plus petit encore, dont la couverture est ornée du même dessin que le carnet I). Voir Jean Milly, *Les Pastiches de Proust, Edition critique et commentée* (Paris: Armand Colin, 1970), p. 52. Maurice Bardèche donne également une description des carnets dans son *Marcel Proust romancier* (Paris: Les Sept Couleurs, 1971), I, 169, note 1 et pp. 419-21. Sous le titre *Le Carnet de 1908*, nous possédons maintenant une précieuse édition critique du premier des carnets, procurée par Philip Kolb dans les *Cahiers Marcel Proust*, Nouvelle Série, 8 (Paris: Gallimard, 1976).
2. Proust semble avoir eu la velléité de remplacer "qui m'était si cher" par "de la femme qui m'était si chère," mais il est revenu à ce qu'il avait d'abord écrit.
3. De ce développement, une version non accompagnée d'appareil critique a été publiée dans "Les Carnets de Marcel Proust, fragments inédits," *Le Figaro Litté-*

raire, 25 novembre 1939, p. 5 et ensuite par Philip Kolb et Larkin Price dans leurs *Textes retrouvés*, p. 251. Le sens de la phrase est clair, malgré un flottement dans l'expression dû à ce que ce texte est un brouillon fort imparfait: le *Je* a d'abord aimé une femme dont le nom contenait les éléments du nom de celle qui lui inspirera son plus grand amour.

4. *AR* (1), p. 186; (2), p. 168 et (9), p. 140. C'est nous qui soulignons.

5. *AR* (1), p. 186; (2), p. 168 et (9), p. 139. C'est nous qui soulignons.

6. Voir "Les 'Moments' de Marcel Proust," *Répertoire* (Paris: Editions de Minuit, 1960), p. 170.

7. Ce texte fait suite au développement que nous citons pp. 36-37.

8. Mlle Bouqueteau n'est autre qu'Albertine. Voir Bardèche qui note, à propos de ce carnet: "Première mention d'Albertine sous le nom de Mlle Boqueteau [*sic*, nous lisons deux fois *Bouqueteau*] nom que Proust lui avait d'abord donné" (*Marcel Proust romancier*, I, 421). De même dans le cahier 34, fol. 75 "Albertine est nommée d'abord Albertine Bocteau, puis Bouqueteau" (*ibid.*, II, 37).

MARCEL PROUST, L'ÉGLISE SAINT-LOUP-DE-NAUD ET L'ABBÉ LOUIS NAPPE

1. Voici la description que Jean Queguiner donne de cette église: "Par ses statues-colonnes, par le thème iconographique de son tympan (le Christ en majesté entre les symboles des Evangélistes), ce portail est encore roman, mais déjà, les statues-colonnes sont moins hiératiques et la juxtaposition de saint Pierre et saint Paul avec les prophètes Isaïe et Jérémie, Salomon et la reine de Saba est l'annonce du principe de l'art gothique de rapprocher l'Ancienne et la Nouvelle Loi." *Dictionnaire des églises de France. IV. D. Ile-de-France* (Paris: Robert Laffont, 1968), article "Saint-Loup-de-Naud," p. IVD 160.

2. Marie Nordlinger-Riefstahl, "Fragments de journal," in *Bulletin de la Société des Amis de Marcel Proust*, No. 7 (1957), 521-27. Rien n'empêche que Bing, comme Swann élève à l'Ecole du Louvre et comme lui d'origine étrangère (son père était hambourgeois), aille rejoindre la galerie des "prototypes" du personnage, d'autant que le romancier attribue à l'amant d'Odette des connaissances particulières au sujet de l'église de Saint-Loup: "Penser," s'écrie Swann dans un moment de dépit, "qu'elle pourrait visiter de vrais monuments avec moi qui ai étudié l'architecture pendant dix ans et qui suis tout le temps supplié de mener à Beauvais ou à Saint-Loup-de-Naud des gens de la plus haute valeur et ne le ferais que pour elle . . . !" (I, 292).

3. Marie Nordlinger-Riefstahl, "Proust and Ruskin," Wildenstein Gallery, *Marcel Proust and His Time* (Londres, 1955), p. 59.

4. Princesse Marthe Bibesco, *Au bal avec Marcel Proust. Les Cahiers Marcel Proust*, No. 4 (Paris: Gallimard, 1928), 39.

5. Nous devons ces renseignements au chanoine Michel Veissière, président de la Société d'Histoire et d'Archéologie de l'Arrondissement de Provins et au Père Jacques Rachou, curé de Salins, que nous remercions vivement pour l'amabilité avec laquelle ils ont bien voulu nous aider dans nos recherches.

6. *Marcel Proust: A Biography*, I, 300.

7. MM. Jean Queguiner, Malcolm Miller et A. Lapeyre voudront bien trouver ici nos remerciements pour la promptitude avec laquelle ils ont fourni les réponses aux questions que nous leur avions posées.

8. "1902 saw me back in Paris, a silversmith in the Art Nouveau workshops and Proust more than ever engrossed in Ruskin. I was now summoned frequently, urgently, by phone, by messenger or petit-bleu. When I first went to the Boulevard Malesherbes Proust welcomed me graciously in the heavily furnished salon . . ." "Proust and Ruskin," p. 62.

9. Voir le *Congrès archéologique de France*. LXIXème session. Séances générales tenues à Troyes en 1902 (Paris: Picard et Caen: Delesques, 1903).

10. *Ibid.*, pp. 1-91. Ce guide est dû à MM. Louis Le Clert, E. Lefèvre-Pontalis et E. Ditsch.

11. Voir Louise Roblot-Delondre, *Saint-Loup-de-Naud* (Paris: Ernest Leroux, 1913), pp. 20-21. Signalons au passage que cette monographie assigne une origine persane à certaines particularités architecturales de l'église (p. 10) ainsi qu'à certains de ses détails ornementaux: les chapiteaux qui couronnent les piliers de quatre travées de la nef "représentent des palmes, motifs décoratifs empruntés peut-être à l'art sassanide" (p. 12). Avons-nous ici la source directe des propos que tiennent successivement au Héros Swann (I, 384) et Elstir (I, 840-42)? Avec son porche à moitié roman d'une exceptionnelle richesse iconographique et ses caractères persans, Saint-Loup-de-Naud est certainement un des modèles de Balbec, et l'on serait tenté de voir dans le mémoire de Roblot-Delondre la source de l'érudition de Proust en la matière. Mais cette hypothèse est plutôt infirmée par la confrontation entre les textes: sur la photographie d'un chapiteau que le peintre lui fera admirer, le *Je* verra, non des palmes, mais "des dragons quasi chinois qui se dévoraient." Il est vrai que Proust a pu broder à partir du texte de Louise Roblot-Delondre et substituer le règne animal au règne végétal. Plus grave est l'argument que l'on ne manquera pas de tirer de la chronologie: la monographie à laquelle nous nous reportons est de 1913; si la description détaillée de Balbec n'apparaît que dans *A l'ombre des jeunes filles en fleurs* (publié en 1919), l'allusion au caractère oriental de l'église se trouve déjà dans la séquence de la conversation entre Swann et le *Je* (*Noms de pays: le nom*, I, 384-85). Il est peu probable que ce texte porte la trace de la lecture que Marcel Proust aurait faite, la même année, de la monographie de Louise Roblot-Delondre. C'est aux travaux publiés entre 1900 et 1912 qu'il faudrait recourir pour découvrir l'origine de ces détails. Nous avions escompté trouver quelque chose en nous reportant à un mémoire publié en 1908 et utilisé par Mme Roblot-Delondre; malgré son titre prometteur ("Les Influences orientales . . .") la communication du vicomte de Truchis ne contient rien au sujet des chapiteaux. En revanche, c'est bien jusqu'en Iran que l'auteur va chercher les antécédants de certaines caractéristiques de la structure des églises qu'il étudie; c'est "à l'art des contrées voisines de la Perse" que sont empruntés "l'ampleur de la croisée, la coupole sur trompes, les arcs surhaussés et en fer à cheval" de l'église chrétienne de l'occident romain entre le Vème et le Xème siècle" et c'est cet intermédiaire qui permet de comprendre le caractère oriental de certaines églises romanes de la Bourgogne. Le mémoire mérite d'autant plus qu'on s'y arrête qu'il y

est fait mention de la basilique de Baalbeck. On sait que, sans autre motif que la ressemblance tout extérieure, des commentateurs ont voulu voir dans le toponyme libanais le modèle du nom de la ville normande où le *Je* fait deux séjours. La contiguïté relative des noms "Baalbeck" et "Saint-Loup-de-Naud" dans les textes érudits, jointe à la ressemblance entre l'église de Saint-Loup et celle que Swann puis Elstir font admirer au Héros, tendrait à donner un fondement à cette hypothèse. Voir vicomte de Truchis, "Les Influences orientales dans l'architecture de la Bourgogne," *Congrès archéologique de France*. LXXIVème session tenue à Avallon en 1907 (Paris: Picard et Caen: Delesques, 1908), pp. 473-74 et 493.

12. *Congrès archéologique . . .*, pp. 458-88.

13. *Ibid.*, p. 480. Nous estimons avoir rendu vraisemblable l'hypothèse de l'identification du *Congrès archéologique de 1902* et en particulier du mémoire de Fleury avec le texte prêté par l'abbé Nappe. Le lecteur curieux de voir ce que l'archéologue nous apprend sur les affinités entre Saint-Loup et Chartres se reportera aux pp. 475-85. Quant au rapport entre Saint-Loup et Balbec, il n'est en rien éclairé par ce mémoire: aucun des détails iconographiques énumérés par Elstir (I, 840-42) n'est emprunté au portail de Saint-Loup et il n'y est jamais question de motifs d'origine persane.

LA SÉRIE DE PLAQUES DE PROJECTION LUMINEUSE

1. "Un Printemps précoce," *Le Figaro Littéraire*, 14 mars 1959, p. 1.

2. "Magic lanterns were the forerunner of the home movie machine. The period between 1890 and 1910 was the time of their greatest popularity" écrit Edwin Warman dans un catalogue intitulé *The Seventh Antiques and Their Current Prices* . . . (Uniontown, Pennsylvania, 1963).

3. Il y a hésitation entre deux graphies: "Siffroy" comme dans la série reproduite par Clarac et Ferré, et "Sifroy" comme dans celle que nous avons pu nous procurer.

FRENCH FORUM MONOGRAPHS

1. Karolyn Waterson
   Molière et l'autorité: Structures sociales, structures comiques.
   1976.
2. Donna Kuizenga
   Narrative Strategies in *La Princesse de Clèves*. 1976.
3. Ian J. Winter
   Montaigne's Self-Portrait and Its Influence in France, 1580-
   1630. 1976.
4. Judith G. Miller
   Theater and Revolution in France since 1968. 1977.
5. Raymond C. La Charité, ed.
   O un amy! Essays on Montaigne in Honor of Donald M. Frame.
   1977.
6. Rupert T. Pickens
   The Welsh Knight: Paradoxicality in Chrétien's *Conte del Graal*.
   1977.
7. Carol Clark
   The Web of Metaphor: Studies in the Imagery of Montaigne's
   Essais. 1978.
8. Donald Maddox
   Structure and Sacring: The Systematic Kingdom in Chrétien's
   Erec et Enide. 1978.
9. Betty J. Davis
   The Storytellers in Marguerite de Navarre's *Heptaméron*. 1978.
10. Laurence M. Porter
    The Renaissance of the Lyric in French Romanticism: Elegy,
    "Poëme" and Ode. 1978.
11. Bruce R. Leslie
    Ronsard's Successful Epic Venture: The Epyllion. 1979.
12. Michelle A. Freeman
    The Poetics of *Translatio Studii* and *Conjointure*: Chrétien de
    Troyes's *Cligés*. 1979.
13. Robert T. Corum, Jr.
    Other Worlds and Other Seas: Art and Vision in Saint-Amant's
    Nature Poetry. 1979.

14. Marcel Muller
Préfiguration et structure romanesque dans *A la recherche du temps perdu* (avec un inédit de Marcel Proust). 1979.

French Forum, Publishers, Inc.
P.O. Box 5108, Lexington, Kentucky 40505

Publishers of *French Forum*, a journal of literary criticism